Carl Dallago

En la lucha por Nietzsche

Traducción y edición de Roberto Vivero

Ápeiron Ediciones

2025

Carl Dallago

En la lucha por Nietzsche

Documenta

1.ª edición, 2025

© De la traducción y la edición, Roberto Vivero
© Ápeiron Ediciones
C/ Príncipe de Vergara, n.º 132, planta 9
28002 Madrid
Tfno.: (+34) 611 00 28 41
E-mail: info@apeironediciones.com
http://www.apeironediciones.com/

Diseño y maquetación: Ápeiron Ediciones
Imágenes de portada: Página del libro de Alfred Baeumler *Nietzsche der Philosoph und Politiker* (1931)

Papel procedente de fuentes responsables

ISBN: 979-13-991032-2-9
Depósito legal: M-23319-2025

Índice

En la lucha por Nietzsche

— 25 —

Tres cartas de Alfred Baeumler

Nota introductoria

La publicación de este texto inédito (también en alemán) de Carl Dallago no solo pretende ser un complemento a la publicación, en esta misma colección, de la traducción de *Nietzsche der Philosoph und Politiker*, de Alfred Baeumler, sino, además, una ocasión inmejorable para introducir a Dallago entre los lectores de lengua española, pues, al menos hasta donde yo sé, y bien podría equivocarme, esta es la primera traducción al castellano de uno de sus escritos. *Im Kampf um Nietzsche* es algo más que una recensión del *Nietzsche* de Baeumler[1], pues se trata de un escrito polémico que posee un doble valor: por una parte, permite conocer de forma condensada la visión filosófico-religiosa de Dallago, ya que en este texto se emplean los principios básicos que había expuesto en *Das Buch der Unsicherheiten* (1911) y en su gran obra, *Der große Unwissende* (1926), y que reafirmará en todos sus escritos posteriores[2]; y, por otra parte, esta

---

[1] El texto lo comenzó a escribir Dallago nada más terminar la lectura del libro de Baeumler y lo terminó a principios de agosto de 1931. La editorial Rotapfel (Zúrich), que había recibido el manuscrito en el verano de 1932, no publicó el escrito. En 1933, al enterarse de la carrera profesional que desde la inscripción en el NSDAP había iniciado Baeumler al obtener una cátedra como profesor de filosofía y pedagogía política en la Universidad de Berlín así como al ser nombrado director del Instituto de Pedagogía Política, Dallago envió de inmediato, y en vano, el texto a la editorial Schocken al considerar que ahora su escrito habría cobrado más actualidad que nunca. (Véase Anton UNTERKIRCHER, *Ich hab gar nichts erreicht. Carl Dallago (1869-1949)*, Studienverlag, Innsbruck, 2013, pp. 280, 282).

[2] Los temas fundamentales de Dallago ya aparecen en *Das Buch der Unsicherheiten* (1911): «Todos los temas importantes que a partir de entonces tratará Dallago están contenido ahí. Todas las obras posteriores contienen profundizaciones, clarificaciones y repeticiones. Sus opiniones fundamentales ya no cambiarán» (Anton UNTERKIRCHER, *Ich hab gar nichts erreicht*, ed. cit., p. 130). Más problemática me parece la siguiente afirmación de Unterkircher: «Con *Das Buch der Unsicherheiten* alcanza Dallago el cenit de su obra» (*op. cit.*, p. 136), también, precisamente, sobre la base de sus propias palabras: «La primera

«crítica» ejemplifica una manera de leer a Nietzsche nada extraña ni antes ni ahora y que podría describirse como «encajar a Nietzsche en la propia *Weltanschauung*»[3]. En principio, y casi se podría decir «instintivamente», esto último parece un craso error, ya que la «lógica de la lectura» nos estaría recordando, como una voz de la conciencia hermenéutica, que hay que entender a un autor «desde sí mismo». El problema radica, claro, en que los escritos de Nietzsche parecen responder: «Ajá, y, entonces, ¿quién lee: nadie?». Por lo tanto, este texto de Dallago nos expone inmediatamente y al mismo tiempo ante varias cuestiones: el pensamiento de Dallago, la interpretación de Nietzsche que Baeumler ofrece en su libro, la lectura que Dallago hace tanto de Nietzsche como de Baeumler y, finalmente (o para empezar), la pregunta sobre cómo leer a Nietzsche.

A continuación del texto de Dallago se publica la traducción de la reseña que Alfred Baeumler escribió sobre el libro de Dallago *Der große Unwissende* (Brenner-Verlag, Innsbruck, 1926) y de tres cartas de Baeumler: dos dirigidas a Dallago (24.3.1926, 15.12.1927) y una a Theodor Haecker (3.10.197). Esta última es de suma importancia para conocer el pensamiento filosófico-político de Baeumler a finales de los años veinte,

---

parte [de *Der große Unwissende*] –escrita entre mediados de 1912 y otoño de 1913 y publicada periódicamente en *Der Brenner*– es una continuación temática de *Das Buch der Unsicherheiten*. La segunda parte –escrita entre la primavera de 1918 y la de 1921– muestra el profundo corte que la Primera Guerra Mundial supone para Dallago. En esta segunda parte, Dallago se muestra sobre todo como implacable enemigo de la guerra, como crítico. El simpático y encantador hombre del paisaje ha desaparecido. De esta manera, en la edición en libro del *Unwissende* se han encajado dos partes completamente heterogéneas que, al mismo tiempo, documentan la humanidad del paisaje llevada *ab absurdum* por los recientes acontecimientos» (*op. cit.*, pp. 154-5). La grandeza de este libro radica, precisamente, en esa sucesión de partes heterogéneas que testifican sobre el antes y el después de la Gran Guerra.

[3] «Lo suyo no era entrar y ponerse en el mundo emocional y de pensamiento de los demás [...] En la lectura lo que le importaba no era un conocimiento objetivo, sino cuánto reforzaba su manera de ser» (Anton Unterkircher, *Ich hab gar nichts erreicht*, ed. cit., pp. 9, 55). Y gracias a eso, Dallago escribe en 1903 el ensayo «Nietzsche und die Landschaft», que incluirá en el libro *Der Süden* (1905) y que en 1912 se publicará en *Der Brenner* (n.º 23, pp. 831-840). «Al valerse de Nietzsche para su idea del hombre del paisaje, adopta también una posición completamente única en la recepción de Nietzsche» (Anton Unterkircher, *op. cit.*, pp. 81-2). Esta «asimilación transformadora» de textos se hace especialmente evidente en la traducción que Dallago hace del *Tao Te King*.

antes de su aproximación y adhesión al nacionalismo del NSDAP, lo que es tanto como decir que se trata de un documento relevante para conocer la situación de muchos intelectuales alemanes en aquella época, pues el caso de la deriva de Alfred Baeumler no es nada excepcional, sino, más bien, representativo. Basta prestar atención a la carta de Baeumler para darse cuenta de que prácticamente estamos, en primera instancia, ante una cuestión de lenguaje: se lucha por la definición de palabras como *völkisch*, *national*, *konservativ*, *bolschewist*, *revolutionär*... En el laboratorio lingüístico que era la República de Weimar, los grupos que aspiraban a algún tipo de poder o influencia decisiva empezaban por examinar y explorar las posibilidades tácticas (no hay que ver aquí un oportunismo *à la* Fouché, por así decirlo, sino un aprovechamiento de la ocasión para acercarse a las metas fijadas por la propia ideología política) que reportaba el uso de términos y expresiones característicos de posicionamientos políticos alejados –incluso extremamente– de los propios. En su carta, Baeumler defiende la «rehabilitación» de la palabra '*völkisch*', a la que llega a enfrentar su uso/significado por parte del lado *national*. Entre 1919 y 1933, no solo hay que hablar sin más de pluralismo ideológico-político, sino de un pluralismo confuso, cambiante (recuérdese a algunos miembros de los *Freikorps*, como Beppo Römer o Stenbock-Fermor, o al escritor Bodo Uhse), de límites difusos. Esto puede observarse especialmente alrededor del así llamado «*Nationalbolschewismus*», donde descubrimos un trabajo táctico con el lenguaje no solo en los grupos e individuos del lado nacional-conservador (pensemos solo en Otto Strasser), sino también por parte del KPD (véanse, p. ej., la *Schlageter-Linie* de 1923 o la «Programmerklärung zur nationalen und sozialen Befreiung des deutsches Volkes», de mediados de 1930). Pero en este laboratorio lingüístico se deseaban elaborar fórmulas para el poder; es decir, la acción ideológico-intelectual que ya suponía la redefinición de palabras también podía verse acompañada por la acción política-real. Lo que empezó en octubre de 1918 en Kiel con el motín de los marineros de la flota de guerra y el apoyo de los obreros, terminó en septiembre de 1932 en las calles de Berlín con la colaboración del KPD y del NSDAP en la huelga de los trabajadores del transporte. El sistema democrático liberal no solo fue el pantano de demagogia y peligroso (por ambiguo) oportunismo táctico en el que, muchas a veces a su pesar, se hundieron los enemigos de todo lo occidental (o los defensores de alguna de las versiones de la

Ostorienterung) para ganar votos (sueños de forzar una revolución desde la influencia de un puñado de hombres solo pueden verse como eso: sueños), sino un medio donde la confusión, un caos de esencias, era el fértil terreno para el pensamiento-acción más agudo: eso que se llama 'política' y que empieza y se sostiene con una «ciudad» en el lenguaje (Platón, *República* 369a, *Leyes* 702d-e) y que termina cuando, ya sin confusión posible, el lenguaje enmudece en forma de dictado. De esta manera, se podría decir que nada más contradictorio que el término '*Realpolitik*', ya que la política terminaría donde empieza la realidad, es decir, el poder. Y, así, mientras unos experimentaban en el laboratorio, otros ostentaban y ejercían el poder *en la realidad* o aspiraban de manera *realista* –y contra todos los vaticinios de sus adversarios– a hacerlo.

El texto de Dallago así como las cartas de Baeumler aquí traducidas proceden del Forschungsinstitut Brenner-Archiv. Ahí también se encuentran otras tres cartas de Baeumler a Haecker (10.11.1927, 12.4.1928 y 29.4.1928). En la correspondencia publicada (en cuatro volúmenes) de Ludwig von Ficker pueden leerse ocho cartas de Baeumler a LvF y una de este a Baeumler. Hasta donde yo he podido averiguar, se conservan otras dieciséis cartas / tarjetas postales de Baeumler a LvF,[4] la primera del

---

[4] 14.11.1923, 23.2.1923, 4.3.1924 (en estas dos últimas cartas se habla de una reseña de Baeumler sobre un texto de Haecker), 15.3.1924, 23.3.1924, 26.4.1924, 6.5.1924 (en estas cuatro cartas, Baeumler escribe, sobre todo, en relación con ciertas dificultades editoriales), 6.9.1924 (aquí se habla, entre otras cosas, de que Beck publicará un libro de poesía de Baeumler, *Trostbuch vom Tode*, ya mencionado en la carta del 15.3.1924; también anuncia que la editorial Beck publica una nueva revista, *Zeitwende*, un proyecto del que Baeumler dice distanciarse), 14.11.1924, 28.12.1924, 6.1.1925 (tarjeta postal en la que habla sobre una posible reseña sobre Dallago), 14.1.1925 (vuelve a referirse a la reseña sobre Dallago), 6.3.1925 (Baeumler envía a LvF su *Trostbuch vom Tode* para que le dé su opinión personal y editorial), 24.7.1925 (Baeumler lamenta la crisis matrimonial de LvF), 19.5.1926 (se habla sobre un discusión entre LvF y Baeumler durante la última visita de este en Innsbruck); 13.3.1927 (sobre Trakl y el libro *Erinnerung an Georg Trakl*, publicado por Brenner-Verlag en 1926), 27.12.1928 (Baeumler responde extensamente a la pregunta de LvF sobre Friedrich Georg Jünger). En la biografía de Dallago escrita por Anton Unterkircher se cita una frase de una carta de Dallago a Baeumler con fecha del 11.4.1926 (*op. cit.*, p. 277). En la página 394, nota 148, de ese libro se dice que la cita procede de una copia mecanografiada de dicha carta en posesión, por aquel entonces, de la viuda de Baeumler.

14.11.1923,[5] cuando Baeumler se presenta y anuncia su llegada a Innsbruck, a donde llega para pasar tres meses en una estancia financiada por el editor Albert Langen. Hasta ese momento, Baeumler había publicado artículos en prensa, la edición (selección e introducción) de textos *Hegels Aesthetik* (C. H. Beck'sche Verlagsbuchhandlung, Múnich, 1922) y *Kants Kritik der Urteilskraft. Ihre Geschichte und Systematik. 1. Band* (Niemeyer, Halle an der Saale, 1923). Entre 1924 y 1927, Baeumler se ocupa de quien también se había convertido en el centro de atención del grupo alrededor de *Der Brenner*: Kierkegaard, como queda reflejado en las siguientes publicaciones: «Hegel und Kierkegaard» (1924)[6], «Kierkegaard und Kant über die Reinheit des Herzens»[7] (1925) y «Gedanken über Kierkegaard» (1927)[8]. En 1926 se publicaría en C. H. Beck el libro con el que el nombre de Alfred Baeumler pasó a ser ampliamente conocido: *Der Mythus von Orient und Occident*, una selección de textos de Bachofen realizada por Manfred Schröter y que estaba precedida por una introducción de 294 páginas de Baeumler: «Bachofen der Mythologe der Romantik». Precisamente ese año, Dallago deja de colaborar con *Der Brenner*, ya que desde el final de la Primera Guerra Mundial la revista se había ido inclinando cada vez más hacia el catolicismo[9], y en 1930 surge la idea de fundar una revista

[5] Véase un fragmento de esta carta en Ludwig von FICKER, *Briefwechsel 1914-1925*, Haymon-Verlag, Innsbruck, 1988, p. 545.

[6] El primer contacto de Dallago con Baeumler sería indirecto, a través de la lectura, probablemente, de este texto. El primer encuentro personal tuvo lugar en otoño de 1925. (Véase Anton UNTERKIRCHER, *Ich hab gar nichts erreicht*, ed. cit., pp. 277, 278, 394, nota 150). En este artículo, Baeumler cita del libro de Kierkegaard *Der Begriff des Auserwählten* en la traducción de Theodor Haecker (J. Hegner, Hellerau, 1917).

[7] Véase la carta del 26.1.1925 de Baeumler a LvF (Ludwig von FICKER, *Briefwechsel 1914-1925*, ed. cit., pp. 399-400). Dicho sea de paso, en el archivo que Marianne Baeumler guardaba sobre la correspondencia de su marido, esta carta consta con fecha del 25.1.1925.

[8] Estos tres textos, reproducidos en el libro de Baeumler: *Studien zur deutschen Geistesgeschichte*, Jünker und Dünnhaupt Verlag, Berlín, 1937 (pp. 54-70, 71-77 y 78-98, respectivamente).

[9] Un camino que se podría decir que termina en 1932, tanto en lo profesional-editorial como en lo personal, pues ese año no solo se publica en la Brenner-Verlag *Der Begriff der Wahrheit bei Sören Kierkegaard*, de Theodor Haecker, sino que Paula Schlier se convierte al catolicismo y LvF regresa al seno de la Iglesia. Por su parte, Baeumler recorrió el camino opuesto: bautizado en el catolicismo, en su *Nietzsche* ya se expone de manera inequívoca,

fundamentalmente para publicar a Dallago y para que fuese una especie de anti-*Brenner*[10]. Este plan se vio truncado con la publicación en 1931 de *Nietzsche der Philosoph und Politiker*, de Baeumler[11], es decir, con lo que todos entendieron como el posicionamiento ideológico-político de Baeumler en las filas del nacionalsocialismo[12]. En 1932, Kütemeyer publicará *Der Sumpf*[3], una revista que tras solo cuatro números fue prohibida en 1933. A finales de los años veinte, Baeumler (que en 1929 había obtenido una plaza como profesor titular en la Universidad Politécnica de Dresde) revisó sus ideas sobre Nietzsche (véase, p. ej., «Bachofen und Nietzsche» (1929), en especial el final del epílogo, en *Studien zur deutschen Geistesgeschichte*, Jünker und Dünnhaupt Verlag, ed. cit., pp. 220-243 y p. 314, respectivamente) y trabajó en la edición de la obra completa de Nietzsche para la editorial Kröner[14]. La deriva nacionalista radical puede observarse en textos como «Der Sinn des Großen Krieges I. II.», conferencias repro-

---

de acuerdo con cierta línea de la *Weltanschauung* nacionalsocialista, su rechazo del catolicismo y su «interpretación germánica» del protestantismo. (Sobre el catolicismo de Baeumler, véase la entrada del 30.11.1928 en el diario de Victor KLEMPERER: *Leben sammeln, nicht fragen wozu und warum. Tagebücher 1925-1932*, Aufbau-Verlag, Berlín, 1996, p. 462).

[10] En marzo de 1930, Baeumler escribe una tarjeta postal a Kütemeyer en la que le dice que es encuentra en Innsbruck y que está discutiendo con Dallago la posibilidad de fundar una revista que se publicaría en Múnich. Baeumler sería el editor y Kütemeyer, el redactor. El colaborador principal sería Dallago; también participaría Friedrich Georg Jünger. En abril, Baeumler propone *Abgrenzungen* como nombre definitivo de la revista, que ahora habría de publicarse en Berlín. En abril de 1931, Kütemeyer se afilia al KPD. (Véase Anton UNTERKIRCHER, *Ich hab gar nichts erreicht*, ed. cit., p. 284).

[11] Véase la circular de Kütemeyer del 6.5.1931 y la respuesta de Baeumler del 18.5.1931 con la circular del 18.4.1931 (Ludwig von FICKER, *Briefwechsel 1926-1939*, Haymon-Verlag, Innsbruck, 1991, pp. 189-197 y 197-200, respectivamente).

[12] Véase la carta del 5.8.1941 de von Werner von Trott a LvF (Ludwig von FICKER, *Briefwechsel 1940-1967*, Haymon-Verlag, Innsbruck, 1966, p. 45).

[13] En el verano de 1931, Kütemeyer viaja a Innsbruck con la idea de materializar la idea de la nueva revista. El primer número de *Der Sumpf* apareció en enero de 1932; el segundo, en abril; el tercero, en junio, y el cuarto y último, en octubre. En la revista colaboraron Josef Leitgeb, Werner Kraft, Friedrich Punt y Werner von Trott. (Véase Anton UNTERKIRCHER, *Ich hab gar nichts erreicht*, ed. cit., pp. 285-6).

[14] Dallago ya había criticado duramente la introducción de Baeumler a su edición de las obras de Nietzsche en la editorial Kröner. (Véase Anton UNTERKIRCHER, *Ich hab gar nichts erreicht*, ed. cit., p. 279).

ducidas en *Männerbund und Wissenschaft* (Jünker und Dünnhaupt Verlag, Berlín, 1934, pp. 1-29), un manuscrito que, como apunta Baeumler en una nota (p. 167), había presentado a *Widerstand* en octubre de 1929.[15] En 1965, la editorial C. H. Beck publicó la introducción de Baeumler a Bachofen de manera independiente y con un nuevo título: *Das mythische Weltalter*.[16] Aunque en el libro se dice que se reproduce sin cambios el texto publicado en 1926, la realidad es que no es así, pues no se incluye la referencia a Dallago y *Der große Unwissende*.[17]

En la correspondencia de Ludwig von Ficker se encuentran referencias relativas tanto a la reseña de Baeumler sobre *Der große Unwissende*[18]…

«Pero yo también tengo un regalo de Navidad, si bien muy subjetivo (¡yo no soy editor!), para usted. He leído con entusiasmo el libro de Dallago, he escrito una larga reseña (¡7 páginas!) y por ahora la he enviado al M. N. N. [*Münchner Neueste Nachrichten*]. Si les parece demasiado largo, la envío a otros medios. Quizá incluso a ZW [*Zeitwende*]. Me parecería una lástima que el artículo, que he hecho con tanto amor, lo publique un periódico de Dresde. Creo que en este libro se puede conocer por primera vez a Dallago. Con 50-100 páginas, solo se le puede malinterpretar. No se conoce el mar solo por un *canal*. D. necesita espacio a su alrededor. Entonces se percibe toda la *extensión* de su naturaleza. No permita que vuelva a escribir ensayos y pequeños folletos. Es mejor un grueso libro cada dos años. Algún día debería escribir un libro sobre la Naturaleza. No más contra la Iglesia. – Bueno, espero que esté usted satisfecho con la recensión. Está pensada para que la gente

---

[15] En la nota, Baeumler dice literalmente que le presentó el texto al «editor» de la revista, es decir, a Niekisch, y añade que las ideas vertidas en aquel manuscrito fueron modificadas y tergiversadas en diferentes ocasiones. El hecho de que Niekisch sea el autor de un libro como *Hitler – ein deutsches Verhängnis* no significa, como muchos aún creen, que Niekisch fuese otra cosa que un nacionalista radical.

[16] El libro termina con un epílogo, una especie de «ensayo de autocrítica», titulado «Bachofen und die Religionsgeschichte» (pp. 315-352). Baeumler enviará este epílogo a LvF junto con una carta del 8.10.165 (véase en Ludwig von Ficker, *Briefwechsel 1940-1967*, ed. cit., p. 391). No se conserva respuesta alguna de LvF; lo más probable es que no llegase a contestar a la carta.

[17] La referencia a Dallago tendría que aparecer en la página 196 de la edición de 1965. En la reedición de 1956, también por parte de Beck, de *Der Mythus von Orient und Occident*, sí se encuentra la referencia a Dallago (p. CLXXXVII).

[18] Carta de Baeumler a Ludwig von Ficker del 20.12.1924 (Ludwig von Ficker, *Briefwechsel 1914-1925*, ed. cit., pp. 392-394; en concreto, lo aquí traducido se encuentra en la p. 393).

vaya a la tienda más próxima a comprar el libro. Ojalá esto ayude un poco a D. En Haecker se te queda grabada una sola palabra, un solo giro. Tiene un arco, y flechas y garfios. En Dallago sucede todo lo contrario: solo se queda en la memoria el *conjunto*, la impresión de pureza natural. Desde un punto de vista humano, Dallago es mucho *más positivo* que H. Son como lo consciente y lo inconsciente. Pero estos polos, el frío y el caliente, están separados ¡por el quemador[19]!».

… como al texto de Dallago sobre el *Nietzsche* de Baeumler[20]:

Desde nuestra separación, he escrito: «Sobre la vida cristiana», un pequeño texto sobre Barth[21], «Filosofía de la historia y fe cristiana», contra Reisner[22], «Política y fe», contra Petras[23], «En la lucha por Nietzsche», contra Bäumler, y «La acción católica»[24], que probablemente se publique pronto, y pequeños ensayos sobre política

---

[19] Baeumler utiliza aquí la palabra '*Brenner*' ['quemador']. *Der Brenner*, el nombre de la revista de LvF, hace referencia tanto al paso del Brennero (paso alpino de montaña entre Austria e Italia) como a *Die Fackel* (*La antorcha*), la revista de Karl Kraus. (Véase Anton UNTERKIRCHER, *Ich hab gar nichts erreicht*, ed. cit., p. 116).

[20] Carta de Carl Dallago a Ludwig von Ficker del 20.12.1931 (Ludwig von FICKER, *Briefwechsel 1926-1939*, ed. cit., pp. 210-2; en concreto, lo aquí traducido se encuentra en las pp. 211-2).

[21] Crítica del libro de Karl Barth *Vom christlichen Leben*, Kaiser, Múnich, ²1928.

[22] Erwin REISNER (1890-1966), doctor en Filosofía y bibliotecario. Entabló contacto con Dallago en 1924. En el verano de 1926, Reisner fue a Innsbruck en busca de trabajo y así conoció a Ludwig von Ficker. En 1927 publicó *Das Selbstopfer der Erkenntnis. Betrachtungen über die Kulturaufgabe der Philosophie* (R. Oldenbourg, Múnich). El texto aquí mencionado (escrito en 1929 y no conservado) se dirige contra el libro *Die Geschichte als Sündenfall und Weg zum Gericht* (R. Oldenbourg, Múnich, 1929). (Véase Ludwig von FICKER, *Briefwechsel 1914-1925*, ed. cit., p. 550, y Anton UNTERKIRCHER, *Ich hab gar nichts erreicht*, ed. cit., p. 405, n. 245).

[23] Otto PETRAS (1886-1945) fue un pastor evangélico alemán que colaboró con *Widerstand*, la revista de Niekisch. En 1930 publicó en Widerstand-Verlag (Berlín) *Der deutsche Protestantismus auf dem Wege nach Rom 1530–1930*. Este es el libro al que aquí se refiere Dallago. (Véase Ludwig von FICKER, *Briefwechsel 1926-1939*, ed. cit., p. 403). El texto de Dallago es de 1930 y tampoco se ha conservado.

[24] *Die katholische Aktion*, Wolfgang Jeß, Dresde, 1932. Ese mismo año, Dallago envió este libro a Baeumler en un intento por conservar el contacto. Baeumler no respondió y, de hecho, no volvió a escribirle. (Véase Anton UNTERKIRCHER, *Ich hab gar nichts erreicht*, ed. cit., p. 282). Pero en 1931, a petición de Dallago, Baeumler había enviado el manuscrito, que aún estaba en su poder, a Niekisch. (Dallago había entrado en contacto con Niekisch en mayo de 1931 y le había enviado varios textos). Niekisch no podía publicar

actual que no pueden ser usados por ningún partido político y deberían publicarse bajo el título «Ex tempore», aunque es bastante dudoso que así suceda. Los textos «Ocaso y amanecer» y «Mundo y hombre»[25] estaban *en su totalidad* a tu disposición.

En cuanto a la traducción del texto de Dallago, observará el lector que se incurre en repeticiones, fórmulas, casi mantras, un estilo característico de Dallago y que podría definirse de «bíblico». Merece la pena recordar y tener presente, aunque sea como ejemplo estilístico, el Evangelio de Juan, fundamental, por otra parte, en el pensamiento de Dallago:

«Im Anfang war das Wort, und das Wort war bei Gott, und Gott war das Wort. Dasselbe war im Anfang bei Gott. Alle Dinge sind durch dasselbe gemacht, und ohne dasselbe ist nichts gemacht, was gemacht ist. In ihm war das Leben, und das Leben war das Licht der Menschen. Und das Licht scheint in der Finsternis, und die Finsternis hat's nicht ergriffen» (Jn 1:1-5, en *Die Bibel*, Lutherübersetzung, Deutsche Bibelgesellschaft, Stuttgart, 2017, NT, p. 108).

«En el principio existía la Palabra
y la Palabra estaba con Dios,
y la Palabra era Dios.
Ella estaba en el principio con Dios.
Todo se hizo por ella
y sin ella no se hizo nada de cuanto existe.
En ella estaba la vida
y la vida era la luz de los hombres,
y la luz brilla en las tinieblas,
y las tinieblas no la vencieron».
(*Biblia de Jerusalén*, Alianza Editorial / Desclée de Brower, Madrid / Bilbao, 1994, NT, p. 123).

---

el libro, como quería Dallago, antes de Navidad, y Dallago se lo envió a Wolfgang Jeß. En 1932, Dallago aún albergaba esperanzas de que Niekisch publicase su *Der Mammonismus in der Politik*. (Véase Anton Unterkircher, *op. cit.*, pp. 289-291).

[25] *Welt und Mensch* estaba pensado como un libro de recopilación de ensayos («O diese Welt!», «Die rote Fahne» y «Eros und Dike»; este último, una recensión, que no se ha conservado, del libro de Sven Lönborg *Dike und Eros*, Beck, Múnich, 1924), pero nunca llegó a publicarse, aunque todavía a finales de 1929 Baeumler intentó que se publicara. (Véase Anton Unterkircher, *Ich hab gar nichts erreicht*, ed. cit., pp. 278, 279, 394, nota 154). Con este título, en el Forschungsinstitut Brenner-Archiv se encuentran dos páginas mecanografiadas de un poema con el mismo título y una nota escrita a mano: «escrito por él por su 70 cumpleaños» (Véase Anton Unterkircher, *op. cit.*, pp. 10, 346, n. 8).

Carl Dallago (Bolzano, 1869 – Innsbruck, 1949) realiza su formación académica en la Escuela Superior de Comercio de Innsbruck, donde entabla una amistad para toda la vida con Ernst Knapp, quien será uno de sus más importantes benefactores y a quien dedicará *Der große Unwissende*. Al terminar sus estudios, trabaja en el negocio familiar y en 1892 contrae matrimonio con Adelheid Auckentaler, de quien se separa (dejando así, también, a sus cinco hijos) en el año 1900, cuando empieza su actividad literaria, especialmente como poeta y autor de dramas líricos, y tras haber conocido en 1898 a Fanny Moser (a quien dedica *Gedichte*, su primer libro, publicado bajo seudónimo). Entre 1901 y 1902 vive en Viena. En ese año se casa con Fanny Moser, con la que tiene tres hijos; en 1902 se van a vivir a Riva del Garda. Dallago pasa un tiempo en Múnich a mediados de agosto. En 1905, Ludwig von Ficker escribe una reseña de *Der Süden* y en una carta a Dallago hace comentarios positivos sobre el drama *Erich Tagusen*; Dallago y von Ficker tienen su primer encuentro personal en octubre de 1907. Hasta 1910, colabora con diversas revistas y periódicos (p. ej., *Der Scherer, Tiroler Wastl, Der Föhn*) y entra en contacto con hombres como Arthur von Wallpach, Franz Servaes, Josef Viktor Widmann o Max Brod. (Dallago y Kafka –lector de *Der Brenner*– se encontraron en Nago en octubre de 1913. En enero de ese año, se produce el primer encuentro personal entre Dallago y Trakl). En 1910 comienza su colaboración con *Der Brenner*, la revista que Ludwig von Ficker funda en Innsbruck con las mayores esperanzas puestas en Dallago[26]. (El primer número aparece el 1 de junio). Así es como llega a relacionarse, entre otros, con Trakl, Hugo Neugebauer, Albin Egger-Lienz, Max von Esterle, Karl Kraus, Hermann Broch, Theodor Haecker (a través del cual llega a la obra de Kierkegaard; en 1913, Ludwig von Ficker le envía el libro de Haecker *Sören Kierkegaard und die Philosophie der Innerlichkeit*) y Ferdinand Ebner. (Es Haecker quien en septiembre de 1919 posibilita el contacto entre Ebner y Ludwig von Ficker). En la Navidad de ese año recibe como regalo dos libros que influyen decisivamente en su pensamiento: *Die Seele des fernen Ostens*, de Percival Lowell, y *Reden und Gleichnisse des Tschuang-Tse*, en la versión de Martin Buber. En 1912 construye una casa en Nago (provincia

---

[26] Véase la carta del 6.4.1910 de von Ficker a Robert Michel (Ludwig von FICKER, *Briefwechsel 1909-1914*, Otto Müller Verlag, Salzburgo, 1986, p. 23).

de Trento), que vende en 1922 para hacer frente a las deudas. En 1914 recibe 20.000 coronas de la donación económica de Wittgenstein. En el *Brenner-Jahrbuch 1915* publica *Der Anschluß an das Gesetz oder Der große Anschluß. Versuch einer Wiedergabe des Taoteking* (versión libre –Dallago no sabía chino– a partir de las traducciones de Richard Wilhelm, Alexander Ular y Franz Hartmann). Al no ser declarado apto para el servicio militar debido a una hernia, entre 1915 y 1918 sirve sin armas en el frente meridional. Desde el verano de 1918 vive con su familia en Schwaz (Tirol), donde trabaja como cuidador de pastos de alta montaña. Desde octubre de 1919 prosigue su colaboración con *Der Brenner*, una colaboración que se vuelve cada vez más problemática debido a las grandes diferencias entre Dallago, Haecker (quien en abril de 1921 se convierte al catolicismo) y Ebner, que tanto con la publicación de «Augustinus, Pascal und Kierkegaard» en 1921 como con la publicación de *Der Christ Kierkegaards* en 1922, ambos de Dallago (el manuscrito de este texto data de finales de julio de 1914; este escrito, que en principio iba a publicarse en el *Jahrbuch* de 1915, se quedó fuera en favor de un texto de Haecker: «Der Krieg und die Führer des Geistes»), lleva a amenazar la existencia de la propia revista, mientras que el propio Ludwig von Ficker simpatiza cada vez más con las posiciones de Haecker y Ebner. En 1922, Dallago obtiene la nacionalidad italiana. En 1924 se publica *Der große Unwissende*, y en 1926, en *Der Brenner*, «Die rote Fahne», su primer texto polémico contra el régimen fascista de Mussolini –la segunda gran polémica contra Mussolini será el libro *Die Diktadur des Wahns*, publicado en 1929–, y precisamente por miedo a los fascistas, en noviembre de ese año, antes incluso de la aparición del artículo, Dallago se muda a Barwies, en el norte del Tirol (y en 1930, a Arzl, cerca de Innsbruck). Es en 1926 cuando Dallago deja de ser colaborador de *Der Brenner* («Die rote Fahne» será, de hecho, su último texto ahí publicado), una revista que se había ido convirtiendo cada vez más en una publicación de signo católico (lo que también hará que se alejen de *Der Brenner* hombres como Sailer, Sander, Punt y Röck). Desde finales de 1925, la correspondencia entre Dallago y Ficker se vuelve cada vez más escasa, si bien el contacto nunca se rompió por completo. En 1927 obtiene el derecho de residencia en Innsbruck y en 1928, la nacionalidad austríaca. Entre 1931 y 1945 trabaja como operario de obras para varias empresas de construcción. En 1932 colabora con la revista *Der Sumpf*, editada por

Wilhelm Kütemeyer y pensada como oposición a *Der Brenner*. En 1945 termina *Der Begriff des Absoluten* (publicada póstumamente en 1964). En 1946 entra en contacto epistolar con Otto Basil, en cuya revista *PLAN* publica un poema. En 1948 trabaja en su última obra: *Der Kommunismus kommt*. El 11 de enero de 1949 se encuentran (casualmente, en el trolebús camino de Mühlau) por última vez Carl Dallago y Ludwig von Ficker. Al día siguiente, Dallago sufre un derrame cerebral. Fallecerá una semana más tarde. El 21 de enero fue enterrado, según el rito católico, en el cementerio de Mühlau. Hans Haller y Ludwig von Ficker pronunciaron las palabras de despedida junto a la tumba.

Estos son los libros de Dallago publicados. Una lista de sus artículos así como una extensa bibliografía sobre su vida y su obra pueden consultarse en la página web literaturtirol.at/lexikon/84.

C. Bergheim (seudónimo): *Gedichte*, autoedición,1898.
Gedichte, Pierson, Dresde-Leipzig, 1900.
Ein Sommer. Liederreigen, Ebering, Berlín, 1901.
Strömungen. Neue Gedichte, Tiroler Verlag (F. J. Gaßner), Innsbruck, 1902.
Wintertage und Anderes, Hermann Dege, Leipzig, 1902.
Spiegelungen. Ein lyrisches Album, Hermann Dege, Leipzig, 1903.
Bergbrevier. Berglieder aus Tirol (por Anton Renk, Alexander Burckhardt, Karl Dallago y Paul Rossi, ed. de Arthur von Wallpach), Edlinger, Innsbruck, 1905.
Der Süden. Kulturliche Streifzüge eines Einsamen, Hermann Dege, Leipzig, 1905.
Erich Tagusen oder Kinder des Lichts. Ein lyrisches Drama in drei Aufzügen, Hermann Dege, Leipzig, 1905.
Neuer Frühling, Hermann Hermann Dege, Leipzig, 1906.
Die Musik der Berge. Künstlerdrama in drei Aufzügen, Hermann Dege, Leipzig, 1906.
Geläute der Landschaft. Kulturliche Streifzüge eines Einsamen, Hermann Dege, Leipzig, 1907.
Ein Mensch. Roman in Bildern, Alex Juncker, Berlín-Stuttgart-Leipzig, 1909.

Das Buch der Unsicherheiten. Streifzüge eines Einsamen, Xenien-Verlag, Leipzig, 1911.

Philister, Brenner-Verlag, Innsbruck, 1912.

Otto Weininger und sein Werk, Brenner-Verlag, Innsbruck, 1912.

Jesus von Nazareth. Betrachtungen eines Einsamen, Xenien-Verlag, Leipzig, 1913.

Die böse Sieben. Essays, Brenner-Verlag, Innsbruck, 1914.

Ueber eine Schrift Sören Kierkegaard und die Philosophie der Innerlichkeit, Brenner-Verlag, Innsbruck, 1914.

Ueber politische Tätigkeit, den Krieg und das Trentino, autoedición, Innsbruck, 1918.

Laotse. Der Anschluß an das Gesetz oder Der große Anschluß. Versuch einer Wiedergabe des Taoteking, Brenner-Verlag, Innsbruck, 1921. [Tercera edición mejorada y aumentada con un prólogo: Brenner-Verlag, Innsbruck, 1927].

Der Christ Kierkegaards (1914), Brenner-Verlag, Innsbruck, 1922.

Der große Unwissende, Brenner-Verlag, Innsbruck, 1924.

Lao-tse. Zwoelf Sprüche, Die 12, Gruppe revolutionärer Künstler, Berlín, 1925.

Schöpferische Kunst und Albin Egger-Lienz (Ein Nachruf), autoedición, Barwies, 1927.

Die Diktatur des Wahns, Bugra, Viena, 1928.

Das römische Geschwür, Lányi, Viena, 1929.

Nach dreißig Jahren. Rückblick des Nicht-Schriftstellers, Lányi, Viena, 1929.

Mensch und Dasein. (Gedichte gesammelt zu seinem Geburtstag von ihm selbst), Lányi, Viena, 1930.

Die katholische Aktion, Wolfgang Jess, Dresde, 1932.

Zum Stand des Christentums der Gegenwart, ed. y epílogo de Hans Haller, autoedición, 1951.

Die Revolution des Christentums als Durchbruch zum Anfang und Zum Stand des Christentums der Gegenwart, ed. y epílogo de Hans Haller, autoedición, 1959.

Der Begriff des Absoluten, ed. Ernst Knapp y Hans Haller, autoedición, Schwaz-Achenkirch, 1964.

Im Anfang war die Vollendung. Ausgewählte Schriften, ed. Walter Methlagl y Judith Nesensohn, Haymon-Verlag, Innsbruck, 2000 (*Brenner-Studien* 16).

Il grande Segantini. Scritti scelti, selección, trad. y notas de Paola Rosà; introd. de Silvano Zucal; epílogo de Giovanna Nicoletti, Il Margine, Trento, 2008.

Agradecimientos

Tanto el texto de Dallago como las tres cartas de Baeumler aquí traducidas se encuentran en el Forschungsinstitut Brenner-Archiv (Innsbruck). Agradezco no solo el permiso para traducir estos textos, sino también la ayuda, la amabilidad y la paciencia constantes que ahí me han brindado, en especial Marcus Ender, quien haciendo gala de una inmensa generosidad nunca ha escatimado tiempo y esfuerzo para resolver mis dudas, aclarar términos, buscar información y colaborar en la transcripción de texto manuscrito. Vaya mi especial agradecimiento también a la familia de Alfred Baeumler por conceder su autorización para la traducción y publicación de los textos de Alfred Baeumler. Como en libros anteriores, debo a Pia Oberacker-Pilick su gran trabajo de transcripción de manuscritos y su ayuda a la hora de aclarar la traducción de algunos pasajes. Quiero dedicar este libro a la persona que es y siempre ha sido mi más firme fortaleza: Isabel, mi hermana.

En la lucha por Nietzsche

I

Es un signo triste y característico de esta época el hecho de que hoy también los espíritus libres y dotados de amplios conocimientos crean que lo espiritual está esencialmente relacionado con la política. Esta creencia es errónea. Nada le queda más lejos al político que lo espiritual y lo religioso, y los que vemos en el cristianismo la consumación de ambos, no solo afirmamos que lo verdaderamente cristiano no tiene nada que ver con la política, sino, también, que la aparición de la política como un elemento rector es la mejor prueba del extravío del cristianismo. Solo tenemos que mirar con los ojos bien abiertos la actividad del mundo, que en la actualidad emana política en todas direcciones, para poder constatar que en todas estas actividades no se ve ni el menor rastro de verdadero cristianismo. ¡Ni un destello de cristianismo vivo, ni un destello en todo esta ruidosa y violenta actividad que haya recibido su luminosidad de la luz que no es de este mundo!

Un talento literario que muestra que, por desgracia, también su autor se ha vuelto demasiado dependiente de la política es el libro, publicado por la editorial Philipp Reclam jun., *Nietzsche el filósofo y político*, de Alfred Bäumler. Debemos preguntarnos cómo ha sido posible que Bäumler haya permitido que la política lo domine de esta manera para que, con toda la fuerza de su voluntad y con la ayuda de su extensa lectura de la obra de Nietzsche, intente presentarnos a este como un gran político. Desde el punto de vista puramente filosófico es un error, y, sin embargo, Bäumler es profesor de filosofía. Pero la filosofía debería estar al servicio de la verdad y conllevar la creencia en la verdad en un sentido absoluto y, con ella, el desistimiento a todo deseo de ordenar el universo y el espanto ante el uso de la violencia, pues su descubrimiento es, en último término —cuando busca correctamente— siempre lo inescrutable que ve fuera de sí mismo aquello que ordena y que, fundiéndose en él, consigue el poder. La política no puede de ninguna manera acercarse al movimiento espiritual relacionado con ese buscar y ese encontrar, ni siquiera puede servir a lo más profundo del cuerpo; es, allí donde reina, el lugar de encuentro y la palestra de los cuerpos que también han perdido su propio sentido sexual y que se han vuelto estériles.

En el caso de Bäumler, quien con acierto encomia a Bachofen y al que designa como «hijo de madre» y «mitólogo del Romanticismo» y que ha escrito la introducción, sumamente extensa y rica, a la gran obra de Bachofen, *El mito de Oriente y Occidente*,[27] resulta aún más extraño que en su libro sobre Nietzsche parezca caer en una política actual que ya lleva en sí los síntomas de la ruina. Es una desgracia la forma en la que Bäumler aborda los acontecimientos contemporáneos cuando se siente obligado a presentar a Nietzsche como un político nacional ante los alemanes para alentar a estos supuestamente a liberar a Alemania del yugo de los vencedores. ¿Pero quiénes son los vencedores? Quizá un botín más rico para la destrucción, nada más, pues también estos, como los vencidos, presentan los síntomas de la ruina. De manera que sería más acertado concluir que un nuevo estallido de acciones bélicas solo aceleraría la ruina tanto de vencedores como de vencidos. Y si a esta comprensión se sumase la filosofía, la mirada sería más amplia y profunda y se vería que está en marcha algo a lo que ya no se puede oponer resistencia adecuadamente, al menos a través de la fuerza de las armas, pues esto únicamente aceleraría la llegada del inminente acontecimiento. Donde advenedizos brutales y sin escrúpulos han alcanzado el poder, también el pueblo se ha vuelto culpable y ahora debe asumir las consecuencias de su culpa.

La decisiva influencia de la política actual ha llevado a Bäumler y su posición filosófica por mal camino. Esto lo vemos ya en la primera parte

---

[27] *Der Mythus von Orient und Occident*, selección de textos de Bachofen en un libro editado por Manfred Schröter y publicado en 1926 por C. H. Beck'sche Verlagsbuchhandlung (segunda edición de 1956). En la página 307 de la edición de 1926 (p. CCLXXXVIII de la reedición de 1956 de *Der Mytuhs von Orient und Occident*) es donde Baeumler designa a Bachofen como «hijo de madre» [Muttersohn], pero la idea es más compleja de lo que Dallago da entender: «Solo puede entenderse a Bachofen como hijo de *madre* [*Mutter*sohn], pero también solamente como el *hijo* de madre [Mutter *Sohn*]. Así como el sentimiento de apasionada piedad fue el afecto dominante en su vida, lo que también le impidió casarse antes de la muerte de su madre, de la misma manera la relación filial constituye el centro sistemático de su obra».

del libro, en la que presenta a Nietzsche como filósofo. El concepto «realismo» recibe aquí una interpretación que no casa bien con la naturaleza inescrutable de la existencia. A lo puramente corporal se le concede una importancia excesiva y la tesis heraclítea –«La guerra es la madre de todas las cosas»– también se considera que está en la base de la filosofía de Nietzsche. «Ver heraclíticamente al mundo y a los hombres» significaría para Nietzsche: «verlos como son: no acabados, sino inagotables, hacedores y gestantes, creadores de formas». Y a esta visión del mundo, que según Bäumler es la de Nietzsche, la designa como «realismo heroico»[28]. Pero cuando penetramos en la filosofía de Nietzsche, en la que Bäumler le concede al concepto de superhombre un lugar esencial, y vemos la vida de Nietzsche y su hundimiento, debemos reconocer que incluso un Sócrates con su vida y su obra, según lo que ha llegado a nosotros, manifestó incomparablemente más realismo heroico que Nietzsche. Y Nietzsche es la antípoda de Sócrates también en todo su desarrollo. El resultado de su trabajo filosófico se adhiere cada vez más a la superficie de las cosas y, así, gana en extensión lo que pierde en profundidad. Su equilibrio se vuelve cada vez más inestable. Mientras que un Kierkegaard, quien lleva en sí mismo el realismo heroico de un Sócrates, pero profundizado mediante el cristianismo, con su obra penetra cada vez hondamente y retiene lo que capta, entregándose a sí mismo, como ascendiendo cada vez más hacia la fuerza que desde lo inescrutable y desconocido le habla como a todo hombre que es consciente de su debilidad y que se entrega a aquel que desde siempre posee toda la fuerza y la fortaleza. Nietzsche, como el filósofo que en oposición a Dios quiere crear y moldear al superhombre, sigue el camino opuesto. Y si es correcto aquel por el cual el hombre alcanza finalmente la máxima fuerza y fortaleza para soportar la existencia, cualquier otro debe ser erróneo y hará que el hombre se extravíe para, finalmente, privarle también de todo camino interior y exponerlo a la ruina. Pero creo que la

---

[28] Las traducciones de las citas de *Nietzsche der Philosoph und Politiker* están extraídas de Alfred Baeumler, *Nietzsche el filósofo y político*, trad. y ed. Roberto Vivero, Ápeiron Ediciones, Madrid, segunda reimpresión, 2025. En adelante, mencionada con la abreviatura NFP. Las frases aquí citadas se encuentran en NFP, p. 64. También se proporciona –cuando no lo hace el propio Dallago– la referencia bibliográfica en el original: *Nietzsche der Philosoph und Politiker*, Philip Reclam jun., Leipzig, 1931. En adelante, mencionada con la abreviatura NPP. Las frases aquí citadas se encuentran en NPP, p. 15.

filosofía del superhombre en Nietzsche solo fue un episodio y que antes y también después transitó por caminos en los que incluso un Kierkegaard se habría unido como compañero.

———

No puede pertenecer a la grandeza de un filósofo fracasar ante el cristianismo como lo hizo Nietzsche. Lo que vio y censuró es el simple cristianismo eclesiástico en el que lo importante es el culto y que, al mismo tiempo, abre todas las puertas a la entrada de este mundo. En comparación con este falso cristianismo y su séquito, que solo puede concebir a Dios a su imagen y semejanza, «la concepción del superhombre» al menos puede ser algo digno de elogio, pero sería muy mala señal para el hombre y para la hermosa tierra si solo el superhombre les diese sentido, pues la tierra, como parte de la creación de Dios cuya plenitud es inagotable, tiene su sentido en sí misma cuando a los hombres, a los que se les ha dado para que la habiten, con su belleza y su riqueza señala hacia el Creador.

Extraña el hecho de que la imagen de Nietzsche que presenta Bäumler, con el fin de poner al servicio de la política la filosofía de Nietzsche, esté extraída básicamente también del *Zaratustra*, que más bien es un poema, y de los últimos escritos, en los que sin duda se expresa una sobreexcitación patológica. Una frase como «El corazón de la tierra es de oro» primero habría que transferirla de lo poético a lo filosófico. En el *Zaratustra* hay probablemente más heroísmo estético y estetizante que realismo heroico. Allí donde la gran poesía está unida a la religiosidad, el heroísmo siempre ha sido algo consustancial, y yo seré el último en negarle a Nietzsche religiosidad y grandez poética. Pero para ser como pensador existencial el representante de realismo heroico, vida y obra han de transcurrir de manera diferente a como ha sucedido con Nietzsche porque tiene que cimentarse más en lo incondicionado, lo cual quizá exige menos lo heroico en sí que el concepto filosófico de lo real. Llama la atención que Bäumler con frecuencia tome precisamente las debilidades en Nietzsche como fortalezas y esté de acuerdo con ellas. Así, cuando se dice (página 13): «En la democracia vio [Nietzsche] a su auténtico enemigo, pues ahí, socapa del lenguaje científico y político, vio la más moderna y, por lo tanto, más peligrosa, forma del cristianismo»[29]. Esto es, ciertamente, un error, pues la democracia es en el mejor de los casos una forma muy aguada del cristianismo y no la más peligrosa. El cristianismo es tanto más peligroso para toda política y sentido mundano cuando más puro y verdadero es, cuanto más se expresa de manera subjetiva y existencial. Tampoco se sostienen las frases que pretenden ilustrar el pensamiento de Nietzsche, como (p. 18) «La moral europea misma, surgida de la fe en Dios, se vuelve en su apogeo contra esa fe»[30], pues la moral europea en curso no surge de la fe en Dios, en cualquier caso no de la fe cristiana, sino, como mucho, de una fe en el Dios de los bancos, y la moral que surge de la verdadera fe en Dios tampoco se vuelve en su apogeo contra esta fe, sino que se identifica con ella y se funde con ella. Sobre presupuestos falsos ninguna crítica puede mantenerse firme, y mucho menos la crítica al cristianismo. De ahí que tampoco a un verdadero cristiano se le ocurra hablar de un Dios humanitario, porque para él Dios es Dios, en quien lo humanitario no tiene influencia alguna, aunque adorne al hombre en la medida en que lo forme para conformarlo a los mandamientos de Dios. Pero el completo desconocimiento del cristianismo y de la persona de Cristo aparece clarísimamente en Nietzsche justo en sus últimos escritos, de ahí que para la valoración de Nietzsche sería beneficioso no tomarlos demasiado en serio, como en el caso del *Anticristo* y sobre todo de *Ecce homo*. Pero precisamente estos se citan aquí en abundancia, con reconocimiento y aprobación, y también a partir de ellos se configura en gran medida la imagen de Nietzsche.

En la interpretación de Nietzsche de esa época, el cristiano es un «idealista» con el «instinto teológico de la soberbia» y «tiene, exactamente como el sacerdote, todos los grandes conceptos en su mano» y «se arroga el derecho de mirar a la realidad con superioridad y extrañeza» (*El Anticristo*, § 8, § 27; también § 30, § 47), cita Bäumler. Si se leen estos parágrafos en *El Anticristo*, solo por su estilo y ritmo ya se percibe la sobreexcitación de su autor. Ahí leemos: «El cristianismo es una forma de la enemistad mortal contra la realidad». A continuación, de *Ecce homo*: «El idealismo es el heredero del cristianismo: el idealista huye ante la realidad»[31]. Los pensamientos

---

[29] NFP, p. 63.
[30] NFP, p. 66.
[31] Todas estas citas en NFP, p. 70. NPP, pp. 21-2.

se acumulan, se confunden, pierden el equilibrio. En *El Anticristo* (§ 27) se dice: «El pequeño movimiento insurgente que se bautizó con el nombre de Jesús de Nazaret es el instinto judío *una vez más*, — dicho de otro modo, el instinto sacerdotal que ya no tolera al sacerdote como realidad»[32]. Entremedias, destellos de luz como «El cristianismo es transformación»[33], «El cristianismo *niega* a la Iglesia»[34], algo que el cristiano puede aprobar con buena conciencia, al menos con respecto a lo eclesiástico como simple culto y todavía más respecto de la Iglesia romana oficial como la supuesta única Iglesia salvadora de Cristo. Pero preguntémonos: ¿a dónde huye de la realidad el cristiano, a quien Nietzsche ha reconocido como un idealista? ¿No tiene aquí la palabra un sesgo demencial? ¿Quién ha resistido más, el Imperio romano o los cristianos? Y si han sido y son los cristianos, ¿quién demuestra ser el portador de la gran realidad? Así que no parece muy inteligente dejar que los últimos escritos de Nietzsche hablen por él como filósofo. Una filosofía que muestra su nulidad con tanta frecuencia se niega como filosofía. Y si se ha demostrado que las observaciones de Nietzsche contra el cristianismo no lo afectan en absoluto porque solo tienen en mente un seudocristianismo viable desde el que también la persona de Cristo y Pablo y la moral cristiana también son juzgados, el verdadero cristianismo sigue siendo algo que todavía puede ser superior a toda la filosofía de Nietzsche y también a todo heracliteísmo, y su no superioridad existencial y real solo podría probarse con la captación de este verdadero cristianismo en la naturaleza existencial del cristiano. Pero de esto no se dice nada en el libro de Bäumler sobre Nietzsche.

---

[32] KSA 6, p. 197.

[33] Esta frase literalmente no se encuentra en los escritos de Nietzsche. En *El Anticristo*, § 33, Nietzsche sí dice sobre los Evangelios que son una práctica de vida: «Una nueva transformación, *no* una nueva fe…». KSA 6, p. 206.

[34] *El Anticristo*, § 27. KSA 6, p. 197.

La voluntad de poder siempre me ha parecido la obra principal de Nietzsche desde el punto de vista filosófico; también Bäumler dice de este texto que es su «principal obra filosófica»[35], pero añade:

> La gente creyó saber qué son «voluntad» y «poder» e interpretó el título en función de eso. En realidad, no hay nada más difícil de entender y definir que lo que Nietzsche quería decir propiamente con las palabras 'voluntad de poder'. [...] La voluntad de poder no es una voluntad que tenga por *meta* el poder, que «desee» el poder [...] La voluntad no aspira a ninguna meta, es el eterno devenir que no conoce ninguna meta. Este devenir es una lucha. ¿Qué es, por consiguiente, querer? Nietzsche lo explica: «*Querer* es tanto como querer ser más fuerte, querer crecer y querer también los *medios para eso*» (*La voluntad de poder*, § 675). La fuerza no es la meta de la voluntad, pues ella es la voluntad misma. La voluntad, por lo tanto, solo se «quiere» a sí misma: pero si se viese esto como un proceso pasivo, la imagen del mundo de Nietzsche se malinterpretaría de manera absoluta. El crecimiento no es un «proceso»: por crecimiento entiende Nietzsche más bien un *hacer*: no es sino una consecuencia de la victoria.[36]

Aquí, una pregunta: ¿ese hacer no podría ser también una consecuencia de la derrota? Porque también se dice:

> En el hombre aparece de esta manera: querer es mandar, pero mandar es un afecto y este afecto es una «*súbita explosión de fuerza*». El camino de la voluntad está marcado por puras explosiones de fuerza. Lo que en sentido estricto entendemos por «querer», la voluntad consciente, es solamente un efecto secundario de lo esencial, que es una emanación de fuerza. [...] La voluntad consciente acompaña a la auténtica voluntad que siempre tiene ante sí la infinitud y, por lo tanto, es «libre». Por consiguiente, no es «libre» porque se ponga metas, sino, al contrario, porque *no tiene ninguna meta*, porque, vista desde la consciencia, siempre camina en la oscuridad. Querer algo no significa «anhelar» una meta, sino «hacer un experimento para saber qué *podemos*; esto solo nos lo puede enseñar el éxito o el fracaso». Así, todo querer es, en realidad, un poder [*Können*]: es un poner a prueba la fuerza.[37]

---

[35] NFP, p. 64. NPP, p. 14.
[36] NFP, p. 91. NPP, pp. 46-7.
[37] NFP, p. 92. NPP, pp. 47-8.

De acuerdo con lo citado, deberíamos, por lo tanto, tener a la voluntad como un despliegue de fuerza que es una realización que no persigue ninguna meta. No sé qué llevó a Bäumler a interpretar así la voluntad que Nietzsche concibe como «voluntad de poder». Algo de política racial parece haber influido en esta interpretación; el concepto nietzscheano de «hombre dominador» [*Herrenmensch*][38], supuestamente con una capacidad innata para mandar, parece haber influido en esto. Pero también para este tipo puede resultar peligroso tener en su interior algo que dicta inconscientemente como voluntad o querer, que hace esto o aquello y no tiene ninguna meta y no desea nada porque entonces algo puede llegar a ordenar que destruya por completo esa naturaleza superior de los hombres dominadores. En este sentido, actuar es, más bien, un deber-actuar, por lo tanto, algo más pasivo que activo, por lo tanto, probablemente más un padecer-la-acción que un actuar. Pierde, entonces, la condición actual que realmente quería Bäumler y que es necesaria en la política, por lo que, desde un punto de vista estrictamente filosófico, la política no puede tener grandeza. También creo que no está pensado filosóficamente otorgar reconocimiento a Nietzsche como filósofo con la frase: «Su doctrina de la voluntad es la más perfecta expresión de su germanismo»[39], y menos aun cuando con esta frase se pretende elogiar su doctrina de la voluntad.

Hermosa y sólida es, sin embargo, la frase: La voluntad que tiene ante sí la infinitud es libre[40]. También la afirma el cristianismo que, no obstante, nos ofrece estas palabras para pensar en la esfera de la voluntad: «Todo el que comete un pecado es esclavo del pecado»[41], la libertad originaria de la voluntad parece poner cada vez más restricciones a través del pecado, de la injusticia. Así, Pablo —no como apóstol, sino como intérprete de la humanidad caída— pudo decir de sí mismo: «Querer el bien lo tengo al alcance, mas no el realizarlo, puesto que no hago el bien que quiero»[42].

El hombre dominador, tal y como lo presenta Nietzsche, y la moral de esclavos y la moral de señores son hijos de una visión superficial. Cuando los políticos aplican esta concepción de señores y razas superiores a todo un

---

[38] Hasta donde yo sé, Nietzsche nunca empleó esta palabra.

[39] NFP, p. 93.

[40] NFP, p. 92.

[41] Jn 8:34.

[42] Rm 8:18,19. Traducción tomada de la *Biblia de Jerusalén*, ed. cit., 1994, NT, p. 221.

pueblo, esto se puede convertir en la peor de las catástrofes para un pueblo. Donde la fe en Dios está viva y se preserva la proveniencia del hombre en lo eterno, estas concepciones jamás podrán arraigar. Desde el punto de vista espiritual y religioso, la voluntad de someterse a Dios sigue siendo lo que mejor hace que el hombre sea dueño del destino y, por lo tanto, también el mejor dominador de la existencia. La voluntad de los hombres dominadores nietzscheanos, de la que parece estar influido el germanismo de Bäumler, no tiene ante sí la infinitud; su voluntad ya no es libre; ahora quiere y probablemente debe seguir queriendo lo que quieren sus prejuicios, que cada vez tienen que convertirse más en prejuicios hasta que como siervos de su hacer dominante recojan lo que con su supuesta voluntad de señores han sembrado. Y también a Nietzsche como filósofo se le serviría mejor si se le permitiese tener la capacidad de llamar a las cosas sobre las que escribe con suficiente precisión, de manera que se seguiría que el término «la voluntad de poder» se referiría a esa voluntad. Por supuesto, la «voluntad de poder» puede ser absolutamente nada y también lo más grande. Pero en los hombres dominantes esta voluntad no es grande cuando se la compara con la voluntad del cristiano, quien, en última instancia, quiere llegar a participar del poder que estaba en Dios en el principio, cuando la Palabra existía y todo se hizo por ella.

———

Creo que el libro de Bäumler sobre Nietzsche debe su existencia a un exceso de fuerza de voluntad alimentada por la pasión política. Así, el autor también ve en Nietzsche al primer serio «enemigo de la explicación mecanicista del mundo», y dice: «De hecho, en esto radica el poderoso significado de su sistema: es el primer sistema filosófico que supera la visión mecanicista del mundo imperante desde la Ilustración»[43]. Por el contrario, habría que decir que un buscador menos enérgico no encontraría este sistema filosófico en Nietzsche; más bien, Nietzsche aún quiere aparecer como un pensador asistemático que precisamente mediante su falta de sistema ha llegado a la grandeza y la solidez de su quehacer apolítico de pensador-poeta. Tampoco un sistema filosófico parece ciertamente lo más apropiado para superar la

---

[43] Esta cita y la anterior, en NFP, p. 86.

visión mecanicista del mundo, que en los hombres espirituales y religiosos no puede llegar a imperar. Si Nietzsche hubiese visto y juzgado en el mundo la conducta de los hombres verdaderamente religiosos, que dispersos y como individuos todavía pueden encontrarse, y no la simple gente de iglesia y los que no tienen fe, probablemente no habría pronunciado algunas de sus sentencias que Bäumler ha usado para la composición de su libro sobre Nietzsche; para empezar, la frase *«Dios ha muerto»*. Sobre esto dice en la «Introducción»:

> De la multitud que bajo la luz del sol trabaja, charla, disfruta y se destaca contra el oscuro muro de nubes de un futuro incierto, se separa un hombre. Solo pronuncian una frase los labios de este hombre de ojos que ven a lo lejos: *«Dios ha muerto»*. No se levanta y dice: no existen los dioses. Dice: Dios ha muerto. Dice: No se volverá a creer en Dios.[44]

Y esta experiencia de Nietzsche la ve Bäumler en la siguiente frase:

> Los más grandes acontecimientos son los que a la gente más les cuesta percibir: por ejemplo, el hecho de que el Dios cristiano haya muerto, que en nuestra experiencia ya *no* se expresa un tesoro y una educación celestiales, una justicia divina, sobre todo una moral inmanente. Esta es una terrible novedad que aún necesita un par de siglos para formar parte del *sentir* de los europeos: y a continuación pasará un tiempo en el que parecerá como que a todas las cosas les falta peso.[45]

Nietzsche aparece aquí ante nosotros como un hombre que tiene ante sí el supuesto mundo cristiano y que por su conducta reconoce que no tiene Dios; un reconocimiento, una percepción que sin duda tiene cierta justificación. Pero ahora extrae la conclusión de que el Dios cristiano está muerto, que ya no se creerá en él. Sería más correcto concluir que con la Iglesia oficial se ha introducido tanta mundanidad en la cristiandad oficial que el cristianismo, y con él la fe cristiana en Dios, parecen haber dejado de existir, pues esta fe ha de testimoniarse en la vida como transformación: no es

---

[44] NFP, p. 61. NPP, p. 10.
[45] NFP, p. 61. NPP, pp. 10-1. La cita procede de los fragmentos póstumos (a partir de ahora, mencionados con la abreviatura «NF»): NF abril – junio de 1885, 34 [5], KSA 11, pp. 424-5.

culto, *es transformación*. «*Así también la fe, si no tiene obras, está muerta en sí misma*» (Santiago)[46]. La tarea de Nietzsche tendría que haber consistido en ocuparse del verdadero cristianismo y en descubrir el no cristianismo en el interior de la Iglesia oficial y de la cristiandad eclesiástica. Su repulsión ante el cristianismo eclesiástico que ha observado puede que no se lo haya permitido y, así, con el rechazo total de este, puede que haya perdido de vista la fe en Dios en un sentido religioso tradicional y que se haya visto impelido a una profunda innovación, no a una renovación. Pero introducir algo nuevo en el ámbito de la fe en Dios siempre es peligroso, pues nada imaginable puede ser más antiguo que Dios. Así, Nietzsche no tarda en extraviarse, y son los extravíos de Nietzsche los que básicamente ha empleado Bäumler para la creación de su imagen de Nietzsche. Ya el primer capítulo, titulado «Realismo», viene precedido por una cita del *Zaratustra*:

> En el pasado se decía 'Dios' cuando se miraba en la lejanía del mar; pero ahora yo os enseño a decir: superhombre.
> Dios es una hipótesis […]
> ¿Podríais *crear* un dios? — ¡Entonces no me habléis de los dioses! Pero sí podríais crear al superhombre.[47]

Sin embargo, en *Ecce homo* se comenta sobre el pasaje en el que Zaratustra «dice a cada uno las cosas más amables»: «Aquí el hombre es superado a cada instante, el concepto "superhombre" se ha convertido aquí en la máxima realidad»[48]. Pero en la filosofía no se puede hacer nada con semejantes realidades. Nietzsche es, sin duda, un gran poeta, y con la creación poética se ha realizado en cierto sentido un proceso interior. Pero pensemos, como Nietzsche quiere, al superhombre como una creación de los hombres opuesta a Dios. Y, sin embargo, la creación tiene un origen y un señor, aunque no se le reconozca. Y el hombre pertenece a la creación, es una creación de esto desconocido y no una creación de los hombres. Y

---

[46] St 2:17.

[47] FNP, p. 65. NPP, p. 16. Se trata del primer capítulo de la primera parte del libro. La cita procede de «En las islas afortunadas», *Za* II, KSA 4, p. 109. Dallago no reproduce en su integridad, como sí hace Baeumler, la segunda frase de la cita: «Dios es una hipótesis; pero yo quiero que vuestras hipótesis no vayan más allá de vuestra voluntad creadora».

[48] *Ecce homo*, «Así habló Zaratustra», § 6, KSA 6, p. 344.

reconoce y debe reconocer que no es el creador de la creación ni de lo que hay en ella, incluso que él mismo no es, ni por un instante, ni perfecto conocedor ni dueño de la vida y la muerte. ¿Cómo, entonces, podría crear aquello que pueda sustituir a Dios cuando Dios es el nombre para este origen y para el autor de la creación? ¿Cómo podría el superhombre, como creación humana, sustituir o incluso superar a Dios? ¿Se ve el extravío de Nietzsche? Supo reconocer, percibió que lo que impera es una generalizada falta de dignidad, también en el interior de la fe oficial en Dios y supuestamente cristiana, que Dios también aquí está muerto porque ya no se cree en Dios aunque se le nombre a menudo y, por lo tanto, imperan el engaño y el fraude. Y que ya no se cree en Dios se ve en el hecho de que ya no se obedece a Dios y que como mínimo este querer-obedecer-a-Dios debe expresar la verdadera fe en Dios. Así que aquí se vuelve a mostrar que la fe en Dios comporta la fe en la revelación. Percibir que la verdadera fe cristiana en Dios en general no forma parte ni de la Iglesia estatal oficial y cristiana ni de la cristiandad oficial, y por lo tanto «está muerta en sí misma», también lo hizo Kierkegaard, pero eso inflamó su fe en Dios y lo convirtió en un combatiente mayor que Nietzsche. Justo en este punto divergen los caminos de ambos. Uno se hizo añicos con la creación del voluntarioso y obstinado superhombre al que pone en el mundo como algo supremo que sustituye a Dios y se embriaga con su propia creación; el otro se reconoce a sí mismo cada vez más como criatura y propiedad del Dios creador y, con la conciencia de Dios cada vez más despierta, la percepción de la menesterosidad del hombre se convierte en él en la entrada al poder [*Kraft*] de Dios. Y esta constitución también le proporciona el completo entendimiento para la esencia del cristianismo, el cual también nos informa de su más elevada naturaleza, mientras que Nietzsche en su profundo desconocimiento de la persona de Cristo y aún más del apóstol Pablo se convierte en exaltado enemigo del cristianismo, si bien lo que tiene en mente y aquello a lo que alcanzan sus ataques es solo un seudocristianismo.

———

Cuando con su pensamiento el pensador tropieza con lo inescrutable, llega a su fin su sabiduría y con eso también se pone fin a los cálculos que convertirían al hombre en amo de su verdadero ser: le falta la relación de su de dónde y su hacia dónde. Tampoco los versos del poema «Ecce homo»[49] de Nietzsche dicen nada sobre su proveniencia, solo sobre su constitución temporal. ¡Al describirme como «insaturado como la llama» todavía no sé «de dónde procedo»! Al señalar a Kierkegaard como un combatiente más grande que Nietzsche también apunto a que al ser cristiano pertenece la lucha más grande en este mundo. Pero la lucha se libra esencialmente hacia el interior y con los medios del espíritu. Por lo tanto, la tesis heraclítea alcanza su mayor profundización en el cristianismo. Entre los poemas de Nietzsche se encuentra uno titulado «Heracliteísmo»:

> ¡Toda la felicidad en el mundo,
> amigos, la confiere la lucha!
> ¡Sí, para llegar a ser un amigo
> se necesita el humo de la pólvora!
> Los amigos son uno en tres cosas:
> ¡hermanos ante la necesidad,
> iguales ante el enemigo,
> ¡libres – ante la muerte![50]

Esta es una magnífica canción de soldados, de carácter cristiano, pero nada más. Está fuera de toda duda que el concepto de lucha alcanza a través del cristianismo una interpretación mucho más profunda de las que había encontrado en Grecia; por lo tanto, el cristianismo tampoco tiene nada que aprender del heracliteísmo. Allí donde toda violenta ha demostrado ser impotente, como ante la firmeza del verdadero cristiano, se atestigua una superioridad mayor que la que el concepto de lucha heraclíteo es capaz de producir.

Cuando Nietzsche quiere poner en lugar de Dios al superhombre como meta y salvación de los hombres porque pueden crear al superhombre pero no a Dios, esto es –desde el punto de vista tanto filosófico como religioso– un completo disparate, algo absurdo, una fechoría. El hombre queda, por así decirlo, privado de todo aire para la respiración espiritual, pues así como el agua es el elemento vital para el pez, así lo es lo inescrutable para

---

[49] *La gaya ciencia*, «Broma, astucia y venganza», § 62, KSA 3, p. 367.
[50] *Op. cit.*, p. 326.

el hombre en su conjunto[51]. De esta manera, su obra particular y arbitraria nunca puede conducir a la realización de su esencia. Esto no es «chinería», sino un hecho espiritual ante el que el superhombre como una realización externa se convierte en una realidad poética momentánea que se deshace como un edificio de pompas de jabón ante la naturaleza que desde siempre ha sido la propia del hombre, pues el hombre es creación y, como tal, inescrutable según la naturaleza de su pertenencia originaria, inescrutable en su de dónde y su hacia dónde, y todo lo que el hombre crea por su propia voluntad en un acto de presunción carece a partir de él como creación, que desde siempre lleva en sí las intenciones del creador, de ningún valor esencial. Cómo podría, por lo tanto, llegar a ser meta y mandato un producto que en general solo puede crearse si el hombre cae presa del autoengaño y del engaño que convierte en acción la opinión según la cual él y no lo inescrutable tiene en última instancia el dominio de la existencia. Pero en el conjunto de la obra de Nietzsche, su pensamiento del superhombre solo puede verse como algo secundario; en *La voluntad de poder* se encuentran afirmaciones completamente incoherentes con él. Sin contar su última fase creativa, el penador Nietzsche aparece como negador de la teoría de la evolución, como alguien que menosprecia la historia y que de manera muy condicionada es partidario de la ciencia al negarle lo que es decisivo para la existencia. Esto tampoco habla a favor de que deba darse una importancia significativa al pensamiento del superhombre en Nietzsche.

Y el *Zaratustra* parece que para su autor en realidad significaba más embriaguez por el estilo que por el contenido. De lo contrario, cómo habría que entender, por ejemplo, como una forma de pensar directa y profunda la siguiente frase: «Por eso Zaratustra debe ser un ateo: porque hay que recuperar la *tierra*»[52]. Para Zaratustra también aquí hay que situar al superhombre, en general el hombre «que va por el buen camino» y que quiere el superhombre. Ahora hay que preguntar si la tierra es una creación de este

---

[51] Dallago está citando a Lao-Tse. Véase su traducción y edición del *Tao Te King*: *Laotse. Der Anschluss an das Gesetz oder Der grosse Anschluss. Versuch einer Wiedergabe des Taoteking*, Brenner-Verlag, Innsbruck, 1921, p. 65. La cita también la emplea Dallago en *Der große Unwissende*, Brenner-Verlag, Innsbruck, 1924, de manera explícita y literal en las pp. 413 y 554, y de manera implícita en la p. 549, lo que ya da una idea de la importancia que esta idea tenía para él.

[52] NFP, p. 66. NPP, p. 17.

hombre o superhombre. Y si hay que negar esto, ¿el creador de la tierra –o lo que la haya creado– no debería ser también más dueño de ella que el hombre, en cuya creación no participa en absoluto? Y si hay que afirmarlo, entonces, para reconquistar la tierra, ¿no hay que aferrarse más a ese o a eso que al hombre? Sí, ¿está de acuerdo con el pensamiento filosófico haber de ganar la tierra cuando esto parece referirse a conquistar la tierra como un Alejandro, un César o un Napoleón? No, como pensador no puedo pensar esto y para eso me declaro completamente incapaz. Pero es comprensible por qué hay que carecer de Dios para conquistar la tierra, aunque para eso haya de guiar la ceguera que cree que con el dominio sobre hombres y cosas en un espacio muy limitado, de la noche a la mañana, practicando la más brutal violencia y participando en las matanzas en contra del mandamiento de Dios, ¡uno conquistará la tierra y se convertirá en el señor de la tierra!

———

Cuanto más se examina el libro de Bäumler sobre Nietzsche, más se aprecia cuánto puede influir negativamente la pasión política en un hombre inteligente. Pero son las debilidades de Nietzsche lo que más interesa y se explican como si fuesen expresiones de fuerza. Así, se dice:

> Es el *pathos* del conocimiento lo que impulsa a Nietzsche a anunciar la «muerte de Dios». El mundo en el que vivimos y el Dios cristiano son mutuamente excluyentes: por lo tanto, concluye el hombre moderno, el mundo y el conocimiento deben ceder; por lo tanto, concluye Nietzsche, debe ceder la idea de Dios. Quiere liberar al mundo de la maldición que radica en ella. A través de los filósofos, esta maldición se plasmó en la fórmula: el nuestro es un mundo de ilusiones y engaños; *detrás* de él se encuentra el mundo de las cosas en sí, el mundo *verdadero*. [...] Desenmascarar el «mundo verdadero» como una invención: este es el objetivo de Nietzsche como pensador filosófico.[53]

Aquí los términos empleados no permiten exponer las cosas con claridad. La fe cristiana nos enseña que este mundo está puesto en maldad[54]. Y

---

[53] NFP, p. 68.
[54] O bajo el poder del maligno. 1 Jn 5:19.

desde luego con este mundo no se está haciendo referencia a la tierra como creación de Dios y se contrapone a la creación de Dios. Pretende, por lo tanto, diferenciar y separar una creación por parte de los hombres de la creación divina. Y sin duda esta creación humana porta en sí nulidad, engaño y error y así demuestra ser un mero mundo aparente en comparación con la tierra como componente cósmico perteneciente a la creación de Dios. Por lo tanto, vemos que por parte del hombre, probablemente debido a su separación de Dios, ha introducido cada vez más en la existencia terrenal algo que parece haber ocupado por completo y dañado gravemente esa existencia. Eso es *este mundo*: propagación y efecto de los errores y las culpas humanas a través del afán de poder y la violencia, un torrente de acciones contra los mandamientos de Dios, una constante desfiguración de la creación de Dios. Por lo tanto, no hay un mundo verdadero al que «desenmascarar como una invención», sino que de lo que se trata es de que el hombre para su existencia terrenal debe preservar la tierra como creación de Dios, que este mundo no se vuelva dominante en él, que no viva una vida vana sino que en él mismo la tierra se preserve como creación a través de su querer formar parte de lo que ordena desde siempre, que en su curso y su gobierno no es cambiado ni abolido por la resistencia, lo que constantemente también puede observarse en la manera en que la resistencia afecta a los que resisten. Permanecer fiel a la tierra significa, en primer lugar, conservar en uno mismo lo más originariamente posible la vida cósmica de la tierra y querer guardarse de que sea ocupada y dominada por este mundo. Pero esto habla sobre todo contra la admisión de la política, pues más que en ningún otro lugar, este malvado mundo, y con él su afán de poder y la violencia, ha llegado a dominar en aquellas partes del mundo en las que las salvajes corrientes de la política han penetrado sin control, dejando en ruinas todo lo que tocan y arrastran consigo. Por el contrario, el cristianismo se erige como custodio de la realidad en el más elevado sentido simplemente al permitir que la Palabra exista en el principio con Dios, por la cual todo se hizo y por lo que también es lógico que el cristiano entienda a Dios como la realidad en el sentido más eminente. Estado e Iglesia, como entidades esencialmente políticas, reciben, por supuesto, una cualificación por la cual ha de negárseles el ser instituciones cristianas. Lo cristiano, como lo verdaderamente religioso, se aferra al imperio de lo inescrutable que, a la postre, gobierna sobre toda existencia. El hombre, como todo el cosmos en su totalidad, está a merced de ese imperio. ¿Cómo podrían instituciones humanas como el Estado y la Iglesia –en las que manda la política, que no puede vivir en el reino de lo inescrutable– llevar a los hombres al cristianismo? Ellas mismas lo arrebatan de todo desarrollo cósmico. La hostilidad contra el Estado y la Iglesia que sin duda también se encuentra en Nietzsche se corresponde, por lo tanto, con la hostilidad contra la política que como filósofo probablemente también le lleva al pensamiento de convertir en una tarea filosófica «definir al hombre como un ser cósmico»[55]. Dado que todo desarrollo cósmico es completamente apolítico, nada puede estar más alejado de él que la política. Es demasiado directo y conserva inconscientemente su conciencia apolítica, que no engaña ni juega al escondite como el hombre político que recurre al Estado y a la Iglesia para obtener el reconocimiento de su inadecuación cósmica, que no puede satisfacerse con la malvada sed de poder y el deseo de dominación. Sí, con la continuación del hombre cósmico, que ve cernirse sobre él lo inescrutable, pronto se transforma el pensador filosófico en un hombre religioso, pero jamás en político, que se aleja cada vez más de él, hasta desaparecer.

Dondequiera que se haga referencia a Nietzsche como filósofo, en ninguna parte vemos al cristianismo confrontado con él. Los «atroces errores del idealismo» reciben una atención desmedida como descubrimiento de Nietzsche, y el cristianismo, de acuerdo con Nietzsche, se valora como aquel. Y, sin embargo, no hay nada menos idealista que el cristianismo, precisamente porque tiene que ver con la realidad más que cualquier otra cosa. «La absurda sobrevaloración de la conciencia», de la que se ha derivado el «espíritu», se considera «el error fundamental» del idealismo[56]. «La conciencia aparece como el más elevado tipo de ser, como Dios»[57], dice Bäumler. Me resulta imposible ver como esencial en Nietzsche como filósofo una polémica filosófica de este tipo. Esto no ofrece ninguna dificultad. Si confrontamos la conciencia con el cristianismo, la situación cambia. La conciencia se convierte, entonces, en el lugar que pone de relieve la diferencia cualitativa entre Dios y el hombre: una infinitud entre ellos, y sin embargo, una capacidad de acercamiento hasta el punto de participar

[55] NFP, p. 79. NPP, p. 33.
[56] NFP, p. 95. NPP, p. 52.
[57] *Loc. cit.*

mediante la introspección hasta la proveniencia de Él, el Creador, quien, como lo inescrutable, está constantemente en acción por encima de toda existencia y todo lo tiene en sus manos. Así, la conciencia no puede suscitar nada más ni nada más elevado en el cristiano que el hecho de que *Dios existe*. ¿Quién podría, entonces, decir que se ignora la realidad, y, más bien, no tiene que reconocer que aquí se está considerando a la realidad en el sentido más elevado?

Pero según el sentido de la interpretación de la realidad por parte de Nietzsche se dice: «La

realidad se extiende en una inconmensurable profundidad bajo el mundo superficial de la conciencia. No es un caos, sino el reino bien ordenado de la voluntad de poder»[58]. Con esto también se presenta la realidad como inescrutable e inalcanzable para la creación por parte del hombre como algo que «se extiende en una inconmensurable profundidad bajo el mundo superficial de la conciencia». ¿Cómo puede, entonces, reconocerse y conocerse cómo y qué es? Y aunque se define como «el reino bien ordenado de la voluntad de poder» –a pesar de que no puede conocerse ni determinarse–, aún no sabemos cómo se establece este orden ni qué tipo de voluntad de poder está en su base. Estas palabras de Nietzsche, en la página siguiente, también son difíciles de conciliar con lo que hemos escuchado aquí: «Precisamente el hecho de que hayamos *eliminado* a la conciencia que pone metas y medios: ese es nuestro *gran alivio* [...] *Nuestro* mayor *reproche* contra la vida era la *existencia de Dios...*»[59]. Ya la primera suposición es falsa, pues algo de la existencia de algo inescrutable debe haber penetrado en la conciencia colectiva del hombre, siempre que no esté nacionalizada, politizada o aburguesada, y dicha conciencia colectiva se cuidará de establecer fines y medios arbitrariamente, pues debe sentir instintivamente que algo siempre ha estado establecido y que estar abierto a eso debe ser al menos beneficioso para el desarrollo humano. Por lo tanto, necesitamos la correcta conciencia colectiva, y no su eliminación, para que nos brinde alivio. Pero si la situación es esta, entonces es precisamente la convicción –obtenida a través de la conciencia colectiva– de la existencia de algo ines-

---

[58] NFP, p. 96. NPP, p. 53.

[59] NFP, p. 97. NPP, p. 54. La cita procede de NF otoño de 1887, 10 [137], KSA 12, p. 534.

crutable –que tiene poder sobre toda la existencia– lo que nos brinda no ya un gran alivio, sino el mayor posible. También es comprensible que así sea, pues ¿quién podría afirmar una existencia en la que todos los gobernantes –a quienes la actualidad encumbra y luego derriba y que con su poder cometen graves ofensas contra el hombre y la creación– realmente detentan el poder? Pero es propio de la naturaleza de lo inescrutable vincular a menudo el éxito del poder con algo intrínsecamente insignificante para demostrar la intrínsecamente insignificante naturaleza del poder externo. Y, por lo tanto, la existencia de lo inescrutable no es «nuestro mayor reproche contra la vida», sino más bien nuestro mayor acicate para afirmarla. ¿Y qué más podría que relacionar esto inescrutable con *Dios*?

Lo que Nietzsche presenta aquí es filosóficamente insostenible; como también lo es «el secreto de la lucha de Nietzsche contra el concepto de Dios», que supuestamente «con eso queda expresado»[60]. También escuchamos: «Una breve nota póstuma dice: "La *refutación* de Dios, en realidad solo se refuta al Dios *moral*"»[61]. Pero entonces aquello que se refuta no es *Dios*, sino solo la dotación moral de Dios por parte de los hombres: por lo tanto, algo humano. ¿Es «la existencia de Dios nuestro reproche contra la existencia»? Pero la cosa empeora aún más al abogar por «la inocencia del devenir». Ahí se dice: «En nuestros corazones solo puede vivir un Dios que permita la inocencia de la existencia, del eterno devenir»[62]. Pero esto significa que el hombre solo permite vivir a un Dios –por lo tanto, el hombre permite solo un Dios– que le deja a la existencia su inocencia. En efecto, si el hombre está así ante Dios, entonces él es Dios y Dios es una cosa que recibe del hombre forma y naturaleza, con lo que la existencia de Dios de hecho parece abolida. Pero entonces no se puede seguir diciendo que Nietzsche «le declaró la guerra al Dios moral sin luchar contra Dios»[63]. Más bien, con ese Dios solo se ha hecho un Dios de la arrogancia humana y a partir de la medida humana y de la voluntad y, así, algo humano amoral, lo que, efectivamente, hace que no sea necesario luchar contra Dios, pues con un Dios como ese se niega la existencia de Dios. «La inocencia del devenir»

---

[60] NFP, p. 98. NPP, p. 55.
[61] *Loc. cit.* La cita procede de NF agosto-septiembre de 1885, 39 [13], KSA 11, p. 624.
[62] *Loc. cit.*
[63] NFP, p. 101. NPP, p. 59.

no tolera precisamente un ser que esté por encima de toda existencia, no tolera la existencia de Dios. Pero la existencia de Dios no se ve afectada por la inocencia del devenir y tampoco se preocupa de ella, como por todo lo que ha sido concebido por el hombre y ha encontrado expresión. Bäumler menciona que *La inocencia del devenir* fue el primer título de la obra que más tarde se llamaría *La voluntad de poder* y dice del primero: «Ese título quiere decir: desde el momento en que colocamos un ser independiente y sobre el devenir, se suprime la realidad y su sentido»[64]. ¿En qué sentido? Solo en el sentido que *nosotros* le hemos dado o queremos darle. Pero por el hecho de que le hayamos dado o queramos darle un sentido a un proceso o a una acción, lo que *es* con independencia de nosotros no dejará de *ser*. Además, la experiencia nos hace ser conscientes constantemente de que el devenir no es libre y nos obliga a admitir que en todo devenir subyace algo que ha llegado a ser sin nosotros. Tampoco necesitamos establecer primero un ser independiente; al deber afirmar algo inescrutable que está sobre nosotros y sobre lo que no tenemos poder alguno, este ser ya está establecido, puesto que simplemente *es*.

La inocencia del devenir debería significar una disolución de la moral o una liberación de la moral. Para disolver o poner fin a la moral que impera en un mundo y que a sí misma se llama cristiana, aunque vive de manera diametralmente opuesta a lo cristiano, no es necesario instituir una inocencia del devenir que, sin embargo, más bien podría proporcionar apoyo y justificación a esa moral, pues esa inocencia del devenir realmente aparece como algo a lo que aún podría apelar la peor voluntad de poder. Pero como el devenir no es libre, probablemente también a la inocencia hay que considerarla como algo que tiene más que ver con los deseos de un filósofo errado que con la verdadera realidad. Después de esto, sería mucho más interesante ver cómo el devenir, como supuesta voluntad de poder inocente, se relaciona con el hecho difícilmente compatible de que todo, la entera creación, incluido el hombre, ha llegado a ser sin nuestra participación, sin la intervención del hombre. Este llegar a ser responde también por un ser y es, sin duda, realidad. Pero eso no es lo que aquí se busca. Para proporcionar la condición de real a la voluntad de poder, se supone una inocencia del devenir y se niega lo inescrutable, si bien el llegar a ser del universo y

---

[64] NFP, p. 99. NPP, p. 57.

todo lo que contiene debemos verlo como obra del poder inescrutable en el que no podemos intervenir. Aunque Nietzsche opone la realidad a toda deseabilidad, aquí parece caer en esta, quizá debido al afán de novedad y al menosprecio de lo religioso, por cuanto no sabe separar a este, que señala el camino hacia el gran sentido de la realidad, de lo seudorreligioso.

Quiero hacer referencia ahora a un científico claro y sobrio y que no pone ninguna deseabilidad por encima de su honestidad y, así, hace justicia también a lo religioso. Gustav Richter dice en su libro *La filosofía de la unicidad*:[65] «El hombre religioso siempre se inclina ante la superioridad de los acontecimientos reales y siempre trata de que su conducta armonice con ellos. Ante los acontecimientos reales está completamente libre y sin prejuicios y en ellos siempre busca al maestro que pueda liberarlo pero nunca constreñirlo». Este pensador científico también habla «del pulso de la naturaleza, de su despliegue y vínculo», y no ve en «este ritmo ninguna evolución en el sentido de un aumento», y lleva consigo la idea de que «la unidad del universo no es solo espacial, sino también temporal». Esto está pensado de manera religiosa. Aquí no hay ningún deseo activo y ningún afán de innovación, solo un mirar que ha desencadenado lo visionario. Pero además oímos hablar de la «infinitud del universo que asegura su libertad y su perfección y, con eso, su unicidad», lo que también significa que *en el principio existía la perfección*: con el ser del universo ya también su perfección, puesto que se niega la evolución en el sentido de un aumento. El dicho evangélico de que en el principio existía la Palabra que estaba con Dios y por la que todo se hizo, encuentra aquí comprensión y no recusación. Pero Gustav Richter ve aquí algo más; ve «la infinitud del universo existente en cada una de sus partes cuando no tratamos de sustraer su unicidad a las partes. Entonces retrocede toda medida, entonces

---

[65] Gustav RICHTER-BOZEN, *Die Philosophie der Einmaligkeit* (vol. 1: *Die Kraft als fünfte Dimension*; vol. 2: *Zur Geschichte des Bewusstseins*; vol. 3: *Zur Wertgeschichte*), Wilhelm Braumüller, Viena-Leipzig, 1928, 1930, 1932. Richter ya había publicado *Vom Heiligen zum Gravitationsgesetz* y *Gott und die Wissenschaft*, ambos en 1922 en la editorial Hillmann de Leipzig. El abogado Gustav Richter era amigo de Dallago, a quien ayudó económicamente en varias ocasiones. Se conocieron personalmente en 1921. En 1922, Dallago y LvF le hacen juntos una visita. Cuando Richter falleció en 1933, Dallago le dedicó una necrología que incluía un soneto y que se publicó en *Der Südtiroler* (n.º 24, 15.12.1934). (Véase Anton UNTERKIRCHER, *Ich hab gar nichts erreicht*, ed. cit., pp. 270, 392, notas 97 y 98).

desaparece toda posibilidad de dominio y nos encontramos con el milagro ante el que, como ante el universo infinito, solo podemos postrarnos para, entonces, poder volver a alzarnos en toda nuestra altura». Aquí el científico se ha convertido en un observador en el que la observación es la fe que da lugar a la sumisión. Esta es una actitud decididamente religiosa.

El libro de Richter concluye con las palabras citadas a las que me siento obligado a seguir refiriéndome. Señalo en primer lugar el punto de contacto entre las citadas palabras y la interpretación de Nietzsche antes mencionada que define al hombre como un ser cósmico. Ahora nos encontramos con la afirmación de que la infinitud del universo también está en cada una de sus partes. Por lo tanto, la infinitud del universo, el cosmos, en cada una de sus partes: en el hombre como en una brizna de hierba; pero ahora hay que tener en cuenta: «cuando no tratamos de sustraer su unicidad a las partes». Solo puedo interpretar esta unicidad como que se mantiene la relación en el hombre, como en la brizna de hierba, hasta su primer devenir, hasta su origen sin nuestra intervención, sin la intervención del hombre, hasta el principio, cuando existía la perfección, lo que corresponde también a la idea de que la unidad del universo no solo es espacial, sino también temporal. Ahora, por supuesto, hay que constatar una grave sustracción que ha desgarrado la unidad temporal del universo y ha cortado la conexión de cada una de sus partes con su proveniencia originaria privando, de esta forma, a todas esas partes de su unicidad. Y el ladrón es el hombre que como criatura se ha apropiado arbitrariamente de creador y creación, siendo el robo, como la mayor desposesión de sí mismo, su caída. Solo ahora que a cada parte se le ha dado una medida y se ha posibilitado su dominio y en ellas no queda nada de milagro ni de maravilla ni inconmensurable; solo ahora, cuando el hombre se ha hecho a sí mismo una obra del hombre. Esto pertenece a la filosofía de la unicidad, tal y como lo veo, y si bien esta filosofía define al hombre como parte del universo y, por lo tanto, también como ser cósmico, todavía ve en él la infinitud del universo y con ella lo inescrutable de su proveniencia en lo eterno y hace que sea imposible verlo como creación del hombre. Así, es lo más opuesto posible a la filosofía nietzscheana de *La voluntad de poder*, como nos la muestra Bäumler, y la niega rotundamente, pues no ser obra del hombre significa deber escuchar las intenciones del creador para la propia prosperidad en el sentido del creador, quien debe saber mejor lo que necesita aquello que ha llegado a existir a través de él. Pongamos en lugar de creador lo inescrutable, el logos, la Palabra: sigue siendo igual, siempre significa algo que *es* sin nuestra intervención, que extiende su poder sobre todo y ningún poder humano puede alcanzarlo. Únicamente aquí, en este tener el poder, reside «el orden que siempre ha sido y siempre será», y hay que negar que Nietzsche, con su activa y física filosofía del poder nos «ha permitido ver este orden»[66]. También es incorrecto cuando Nietzsche ve siempre como falso «el orden de la conciencia» y como el «verdadero orden la "voluntad de poder"»[67], que, con su violencia por parte de los hombres a los que se le concede, es el mayor adversario del orden que siempre fue y siempre será, pues este orden es el de un ser cuyo poder está por encima de todo. Un orden que siempre fue y es y siempre será, pero que tiene como condición que se sustraiga al poder del hombre, por lo tanto, al poder de su voluntad, porque el poder humano y el poder de la voluntad es lo más incierto, lo más cambiante, lo más perecedero y por eso no puede ser algo perpetuo, constante, consistente. La filosofía de la voluntad de poder pone en lugar de este orden su mayor contrario, lo que no impide ni puede impedir que este orden eterno, que siempre fue y siempre será, siga ordenando, de lo que se sigue que, al final, todo el orden de la voluntad de poder no es, y no puede dejar de ser, sino una nada. Una filosofía que con razón aparece como la portadora del orden eterno es la de Lao-Tse, es la sabiduría china, que sin duda es más duradera que cualquiera europea que se relacione con la política. Ahí también se dice que *lo más elevado es no ordenar*,[68] algo evidente para quien está dispuesto a someterse a lo que ordena desde siempre, para quien permite que la gran realidad cobre vida dentro de sí mismo. Esta no es, por supuesto, una tarea para políticos, que con su orden introducido por la violencia exponen cada vez más la existencia a todo tipo de debilidades, convirtiendo, de esta manera, a sí mismos y a toda la existencia cada vez más en una miserable creación del hombre.

Pero el hombre no es obra del hombre, no es una creación[69] humana; ya estaba ahí antes de hubiese otro hombre, como toda la creación y todo

---

[66] NFP, p. 101. NPP, p. 59.

[67] *Loc. cit.*

[68] Véase *Laotse. Der Anschluss an das Gesetz*, ed. cit., p. 88.

[69] En relación con la palabra 'creación' en la frase anterior («y a toda la existencia cada vez más en una miserable creación del hombre») y en esta («Pero el hombre no es obra

lo que está en ella. Su proveniencia en lo eterno, a partir de la oscuridad, de lo inescrutable, no lo puede aclarar ninguna filosofía, si bien esta, allí donde hay que tomarla en serio, al menos arroja la claridad suficiente para tener que negar que el hombre se haya desarrollado a partir de algo que no estaba ya en el propio hombre. Pone al hombre, de manera irrefutable, como creación del creador de la creación, pudiendo dejarse que cada uno a su manera nombre y conciba a este creador. Aquí solo hay que afirmar de nuevo que este creador representa un ser que, al final como al principio, tiene todo el poder sobre toda la existencia y que su gobierno es inherente a un orden con el que ningún ordenamiento por parte del hombre se puede parangonar. También pone la verdadera realidad para el hombre en su capacidad de integrarse en esto que ordena desde siempre. Pero ahora, al actuar solo como una creación humana e intentar imponer su propio orden arbitrario en todas partes sobre la creación, se hace evidente en su totalidad[70] el robo que el hombre ha perpetrado contra sí mismo y contra las riquezas de la creación. El robo es todo lo que el hombre ha creado de esta manera y para su propio propósito arbitrario y egoísta: robo es este mundo introducido violentamente por el hombre en la creación; el Estado y la Iglesia, como centros de poder político cuyo afán de poder se ha opuesto fundamentalmente a aquello que ordena desde siempre, demuestran ser los representantes más destacados de este robo. Robo es todo lo que es meramente obra del hombre: cada invención, la civilización y la cultura, incluso el arte, en la medida en que, como meras creaciones humanas, implican que el hombre pierda toda conciencia de la existencia de algo superior dentro de sí mismo y se afirma como lo decisivo y el mando supremo.

---

del hombre, no es una creación humana»), en el margen de la página, escrito a mano, con bolígrafo, se dice lo siguiente: «en ambos casos —y una vez más al final del escrito—, en el borrador pone 'Machtwerk'; queda por dilucidar si se trata de algo intencionado por parte de D. [allago] o de un despiste». Es decir, no aparece escrita la palabra 'Machwerk', como sí aparece en la página anterior del manuscrito al hablar del hombre como obra del hombre: «Machwerk des Menschen». La palabra 'Machwerk' puede traducirse como 'chapuza'; en alemán existe la expresión «ein Machwerk des Teufels» para referirse a aquello que supuestamente va contra los mandatos divinos o que es resulta malogrado, caótico, perjudicial, malo.

[70] Escrito a mano, con lápiz, en el margen de la página: «"en su totalidad [in seiner Gänze]" por "enteramente [zur Gänze]": no es incorrecto, solo que no es "oficial"».

Lo cristiano, que se mantiene como la consumación de lo espiritual y religioso desde siempre, también debe saber preservar dentro de sí lo que siempre ha ordenado. Así, es, en efecto, mentira y engaño, incluso absurdo, cuando los Estados se llaman a sí mismos cristianos, aunque se basan, y también su orden arbitrario, en la violencia, o cuando una Iglesia oficial se arroga ser la Iglesia de Cristo, no obstante actuar fundamentalmente como un centro de poder político. Lo cristiano, que con la fe en la creación de Dios y su ínsito orden querido por Dios desde siempre –y que el hombre quiere recuperar tras su pérdida con la caída– es también el verdadero oponente superior de todo falso cristianismo eclesiástico que Nietzsche percibió y contra el que luchó. Pero en comparación con Grecia –por lo tanto, también el mundo heraclíteo–, incluso este cristianismo eclesiástico, dotado con la apariencia de lo cristiano, demuestra ser todavía como la parte más fuerte, en la medida en que hace tomar conciencia de lo cristiano, aunque viva en su contra.

La poca importancia de la filosofía del poder de Nietzsche respecto del verdadero cristianismo se hace evidente incluso en la exposición de Baeumler[71]. Ahí se dice:

> La filosofía de Nietzsche de la «valoración objetiva» culmina en la afirmación de que solo existe el «fenómeno total de la vida», una *unidad de la vida* de la que proceden todos nuestros pensamientos y acciones. La voluntad de poder es únicamente otro nombre para esa unidad. Bajo este nombre no tenemos que entender, por lo tanto, un fenómeno subjetivo […] sino algo objetivo: el buen orden como realidad de la vida.[72]

El buen orden como realidad de la vida es precisamente lo que afirma el cristiano, y de hecho más que cualquier otro hombre religioso, de acuerdo con su fe en Dios y en la creación divina. Pero también en el pensador

---

[71] Esta es la primera vez en el texto mecanografiado que se escribe «Baeumler». Antes aparecía escrito «Bäumler» y esta palabra estaba «corregida» a bolígrafo. Dallago, como muchos de los contemporáneos de Alfred Baeumler, solía escribir «Bäumler». El propio Baeumler llegó a usar esta versión, si bien en contadas ocasiones (por ejemplo, telegrama a Elisabeth-Förster Nietzsche del 8.4.1833 [NFP, p. 420]) y nunca, hasta donde yo sé, en sus publicaciones (en sus publicaciones «públicas», habría que precisar, porque véase el singular caso del ejemplar regalado a Elisabeth-Förster Nietzsche en NFP, p. 411, n. 847).

[72] NFP, p. 102. NPP, p. 59.

científico honesto hay lugar para esta visión religiosa; abre el camino al pensamiento activo de que «la unidad del universo es también temporal», como la concepción «de la infinitud del universo, que asegura al universo su libertad y perfección y, con eso, su unicidad». Esto conduce a la conclusión, como he mostrado, de que la perfección existía en el principio, lo que se corresponde con la fe cristiana, que detrás de la creación siente al creador y percibe lo inescrutable o el logos o la Palabra que estaba con Dios, por la que todo se hizo y que con seguridad no suelta la dirección de lo hecho, que en el principio existía con perfección. Así, el buen orden como la realidad de la vida queda firme, clara e inequívocamente establecido para el creyente, que es un vidente en la verdad, pues todo orden tiene a alguien o algo que ordena, y lo que más y mejor ordena debe ser *aquel* o *aquello* a través del que todo ha alcanzado su perfección. En él está también la vida como realidad.

¿Pero cómo se presenta en Nietzsche la dilucidación de la frase del «buen orden como realidad de la vida»? Ahí todo está, por así decirlo, en el aire. De hecho, el cuerpo humano se compara con el cosmos, y Baeumler cita esta frase tan poco sólida: «Si desarmásemos nuestro cuerpo, conseguiríamos exactamente la misma imagen que la de un sistema solar y la diferencia entre orgánico e inorgánico ya no sería tan obvia»[73]. Siguen, a continuación, frases de Nietzsche que ponen de relieve el cuerpo a costa del alma, y finalmente se explica: «En el fondo, la filosofía de Nietzsche es un canto de alabanza a la realidad del cuerpo»[74]. Pero con eso veo que se abandona la explicación de la frase sobre el «buen orden como realidad», tal y como yo la entiendo. Pero pienso que el buen orden que realmente resulta ser la realidad de la vida también ha establecido un buen orden para el cuerpo y que el abandono de aquel también ha traído consigo el abandono de este.

———

[73] NFP, p. 102. NPP, p. 60. La cita procede de NF junio-julio de 1885, 36 [35], KSA 11, p. 565.

[74] NFP, p. 103. NPP, pp. 60-1.

Llama la atención que Baeumler destaque lo bélico como esencia en Nietzsche como filósofo. Aquí, sin duda, hay influencias de nuestra época. Cuando en uno de los prólogos de Nietzsche «toda filosofía que coloca la paz por encima de la guerra se interpreta como síntoma de enfermedad»[75], esto no le hace honor como filósofo. El filósofo no libra una batalla como si fuese una guerra. Frases como «la crueldad de la victoria es el pináculo del júbilo de vivir» o «Se renuncia a la *gran* vida cuando se renuncia a la guerra»[76] son indignas de un filósofo. La lucha aún no es la guerra. Y quien busca la *gran* vida, ese ciertamente no es grande. ¡Además me gustaría ver cómo se ve el júbilo de vivir por parte de un filósofo que está, en el lado de los vencedores, ante un campo de batalla cubierto con muchos, muchos miles de jóvenes hombres muertos y mutilados! Pero entonces habría que reconocer que esa frase se basa en una idea falsa o en una sobreexcitación patológica. Otra cosa sería relacionar la frase con luchas y victorias interiores. Estoy pensando en Orígenes. Entonces la cuestión puede tener al menos un sentido espiritual. Contra este mundo, que se ha apoderado de toda la tierra, debe luchar durante toda su vida el hombre de espíritu, y por lo tanto también el cristiano. Pero bajo ningún concepto debemos tolerar el desencadenamiento y el ejercicio de la fuerza bruta y una voluntad de destrucción cada vez más refinada contra nuestros semejantes y contra la creación, como en la actualidad lo demuestra la guerra. Estar en contra del sacerdote, que hoy es poco más que un mero clérigo, no significa estar en contra de lo espiritual y lo religioso. El tipo del verdadero sacerdote cristiano, que con la palabra y el ejemplo anunciaría las enseñanzas de Cristo, hoy más que nunca quizá coincidiría con el del combatiente; lucha por su fe en Dios, que para él encarna lo absoluto. Pero quien lucha por lo absoluto, no empuña la espada. «Cuando el sacerdote empuña la espada»[77]: eso habla en contra de su fe en lo absoluto, pues creer en lo que en sí es eternamente dominante no se demuestra empuñando la espada.

Resulta muy preocupante cuando Baeumler ve como «la gran lección» de Nietzsche que «no hay *una* moral, sino solamente una moral de *amos* y

---

[75] NFP, p. 106. NPP, p. 64.

[76] Ambas citas en NFP, p. 106. NPP, pp. 64, 65.La primera procede de «El certamen de Homero», KSA 1, p. 785, y la segunda de *Crepúsculo de los ídolos*, KSA 6, p. 84.

[77] NFP, p. 109. NPP, p. 69.

una moral de *esclavos*»[78]. Una gran lección debería demostrarse, mediante la acción, creando cosas grandes; sin embargo, esta se presenta ante nosotros más bien en el cultivo a gran escala de lo pequeño y vano en el hombre. Yo quizá la pregonaría para sondear el carácter de los jóvenes, y a todos los que se inclinasen de inmediato por la moral de amos los tendría por necios antes que a los que permanecen indecisos o aquellos que, indignados, rechazan directamente lo que han oído. Forma parte del valor y el crédito de un hombre afrontar lo difícil, y es más difícil ponerse del lado de los pocos y marginados que del lado de quienes ostentan el poder. Además, desde un punto de vista filosófico, esta división de la moral parece completamente arbitraria y opuesta a toda moral; forma parte de las pequeñas ocurrencias del inmoralista.

Para el pensador religioso y el hombre de fe, el tema sobre ser amo y esclavo adquiere un cariz diferente. Con el reconocimiento de un ser inescrutable que es dueño de todo y que el poder humano no puede igualar, el deseo de poder del hombre y con él la capacidad de poder sentirse como un amo, incluso de serlo, pasa a depender de la capacidad de ser siervo, lo único que permite llegar a participar de ese poder inescrutable que todo lo domina. El movimiento necesario para eso un familiarizarse cada vez más con lo inescrutable, una necesidad cada vez mayor de rodearse de él, de conocerlo y, mediante el conocimiento, de saber que así es como se está mejor protegido contra la devastación causada por la mera posesión del poder humano. La voluntad de entregarse a lo inescrutable otorga fuerza y poder y, así, también muestra el camino hacia la verdadera consecución del poder, que debe ser un servicio, un someterse, y que, en última instancia, puede convertirse en una fusión con aquello que domina sobre todo poder. ¿Acaso el «hombre dominante» no se convierte entonces en alguien atrapado en el delirio de que su poder no es un engaño, una debilidad disfrazada? La comprensión de que el hombre no puede dominar aquello que en realidad posee poder, y que tan solo participar de este poder significa la verdadera consecución del mismo, hace que el hombre terrenal pueda decir de sí mismo: *Cuanto más siervo soy, más amo soy.*

Podemos considerar este tema desde otro punto de vista, pero llegamos esencialmente al mismo resultado. Pensemos aquí una vez más que «la

---

[78] NFP, p. 108. NPP, p. 67.

unidad del universo también es temporal» y que su infinitud, que «asegura su libertad y perfección y, con eso, su unicidad», está presente en cada una de sus partes, siempre que no se prive a esta parte de su naturaleza única o ya se haya hecho. Ahora bien, hemos presentado al hombre como parte de este universo, de la creación, como surgido de aquello que existía en el principio con la perfección, a través de lo cual todo ha llegado a ser. Si ahora se comprende como realidad que la unidad del universo también es temporal –es decir, que a través de esta unidad se trascienden pasado, presente y futuro–, entonces también al hombre, como parte del universo, todo lo que el tiempo ha creado en y de él le parece sin validez, y la parte esencial en él se hace visible como algo supratemporal y sin fin, consolidando así su naturaleza única. Y así como al universo se le niega toda ampliación por su dotación de infinitud y su unicidad, también al hombre se le niega toda ampliación por la dotación única que le ha sido dada. Con ella, el hombre era imagen del creador, lo que inicialmente significaba que lo supratemporal y lo sin fin aún dominaban en él. De nuevo se muestra aquí la profunda privación a la que el hombre ha sido sometido; solo pudo haberla realizado él mismo, y de hecho, por su soberbia. La soberbia conduce a la caída; no parece probable que haya un dicho más dictado por la experiencia y, sin embargo, es el hombre quien lo olvida continuamente, por su soberbia, tan profundamente arraigado está el mal heredado en el hombre, tan firmemente se imponen la caída y el pecado original en nuestra visión. En la caída como privación de uno mismo se muestra que en el hombre en lugar de lo supratemporal y sin fin ha llegado al poder tan solo lo temporal y caduco. Corresponde al monstruoso error del hombre que, creado o llegado a ser, lo sedujo a querer ser el amo de todo, a querer convertirse en aquello por quien o a través de lo cual todo ha llegado a ser. Así, cayó de lo supratemporal en una temporalidad sin unidad ni unicidad que dio origen a este mundo con toda su malicia, engaño y mentiras. Si consideramos a Cristo como el salvador del mundo, su acto salvífico se presenta como un renovado establecimiento del dominio de lo supratemporal y sin fin en el hombre, pero él mismo, mediante su ascensión y su venida de aquel por quien todo ha sido creado, es decir, del *Padre* de todo, fue dotado de tal manera que pudo decir de sí mismo: «Antes de que Abraham existiera,

Yo Soy»[79]. Así, su vida temporal aparece ya constituida como sacrificio y sobrevive mediante su misión salvífica, cuyo propósito es restablecer en el hombre su pertenencia a Dios y, con ella, la vida supratemporal y sin fin a la que la muerte del cuerpo ya no puede hacer nada. Qué singularmente caracteriza al que lleva a cabo esta acción la afirmación: «*Yo soy el camino, la verdad y la vida*»[80], que en última instancia representa también la guía hacia todo poder.

Aquí tenemos que dejar constancia en primer lugar de que el hombre, como parte de la creación supratemporal y de su unicidad, está y permanece sometido al poder que se afirma en la creación y tiene poder sobre todo poder humano. Así, la capacidad de poder del hombre debe depender del estar en contacto con este poder. Y el hombre está tanto más en contacto con este poder cuanto menos haya sufrido la privación de sí mismo y sus consecuencias; la privación de sí mismo a partir de la soberbia que consiste en que el hombre como criatura quiere hacerse independiente del creador y formar completamente por su propio poder toda la existencia, aunque a su poder en la existencia se oponga constantemente su naturaleza inescrutable y constantemente se muestre que no puede gobernar mediante el poder humano. ¿Cómo aparece el «hombre dominador» dentro de esta creación, cuyo poder no se ve afectado en lo más mínimo por una moral de amos o de esclavos? Además, es precisamente el hombre que afirma la existencia quien también debe afirmar que la justicia es inherente a este poder, aunque escape a su comprensión. Comparado con el hombre como parte de la creación y su naturaleza única, el hombre dominador es una caricatura; como idea filosófica, un fracaso; al juzgarla, según lo que he dicho, se convierte en portador de una profunda privación de sí mismo a partir de la soberbia. Pretender ser el amo de la creación y de las criaturas implica una subyugación de la más problemática arrogancia que, a medida que crece, socava cada vez más la condición del hombre como creación de un creador y, así, debilita también la verdadera capacidad de poder del hombre. Donde, como en la existencia, lo inescrutable es imposible de erradicar, todo cimiento establecido por el hombre es demasiado inestable y frágil para construir sobre él. Por lo tanto, cuanto más ávido de poder

[79] Jn 8:58. Traducción tomada de la *Biblia de Jerusalén*, ed. cit., NT p. 138.
[80] Jn 14:6.

y dominio se es, más se está predispuesto a caer en la subyugación; pero cuanto más se desea servir, más se convierte uno en dominante.

No cabe duda de que Baeumler presta excesiva atención a la «metafísica greco-germánica»[81] de Nietzsche, pero probablemente esto se deba al contagio de la política actual, pues lo germánico apenas se expresa tanto en la personalidad de Nietzsche como en su escritura poética más personal. Tampoco lo que oímos sobre la justicia tiene un sello especialmente germánico, como en lo siguiente: «El hombre ávido de venganza, el hombre del resentimiento quiere que todos los hombres sean iguales. Pero Zaratustra enseña lo siguiente: "Pues los hombres *no* son iguales: así habla la justicia"»[82]. Esto último es indudablemente verdad, pues si todos los hombres fuesen iguales, ¿qué necesidad habría de justicia? También en el cristianismo es válida la frase: cuando dos hacen lo mismo, no es lo mismo; por lo tanto, a los hombres no se les considera iguales, tal y como son, pero para todos debe estar abierto el regreso a la pertenencia a Dios, a convertirse en humanos. La igualdad ante Dios es diferente de la igualdad entre los hombres, pues esta nunca se alcanzará. Pero tampoco es el hombre sediento de venganza el que quiere la igualdad. (Véase a los corsos, entre quienes aún rige la *vendetta*; no son, ciertamente, hombres del resentimiento en el sentido de Nietzsche). La frase todavía resulta más errónea cuando observamos a la Krimhilde de Sigfrido. En este caso es la desigualdad, el valor irremplazable de un Sigfrido, lo que inflama el deseo de venganza de la mujer solitaria. La venganza tiene siempre un efecto destructivo y desintegrador. Por eso en la religiosidad bíblica mucho más alta que el «ojo por ojo y diente por diente» está la advertencia: *«La venganza es mía, dice el Señor»*[83]. ¿Quién podría negar que esta frase es real? Con su absoluta validez, también queda expresado dónde se encuentra la justicia.

Sin embargo, según Baeumler, Nietzsche ve que «a partir de la lucha, en cada instante la justicia nace nueva: la guerra es el padre de todas las cosas, convierte al amo en amo y al esclavo en esclavo. Así habla Heráclito de Éfeso. Pero este es también el punto de vista protogermánico»[84].

---

[81] NFP, p. 108. NPP, p. 67.
[82] NFP, p. 107. NPP, p. 66.
[83] Cita incompleta de Rm 12: 19 (que, a su vez, se remite a Dt 32: 35).
[84] NFP, p. 108. NPP, p. 67.

Si situamos la lucha en el mundo interior del hombre, lo que entonces tiene como condición que el hombre no está más allá del bien y del mal, esta sabiduría de Heráclito también tiene su validez en el cristianismo. Sin embargo, tal y como aquí se interpreta, todavía se atiene decididamente a lo externo, a la superficie de las cosas, y, así, como si no fuese lo bastante esencial, se ve constantemente arrastrado por el conocimiento vivo de su propia ignorancia, que tiene un mejor anclaje para su posición. Así, desde los griegos hasta nosotros, Sócrates ha resistido mejor que Heráclito. Y aunque la concepción protogermánica consideraba la capacidad militar como lo máximo y desencadenó la separación entre libres y esclavos, esta concepción no puede ser la última, como tampoco fue la primera. Por lo tanto, su concepción del uso de la violencia nunca puede ser decisiva.

Pero considero completamente insostenible e incongruente la siguiente afirmación, que pretende defender la justicia a través de la violencia: «La naturaleza no es caótica: es el reino de una estricta justicia. El mundo de los hombres se vuelve caótico cuando intenta emanciparse de la justicia que se encuentra en la esencia de las cosas, cuando niegan la voluntad de poder. [...][85] El verdadero orden tiene su origen en las relaciones de dominio generadas por la voluntad de poder»[86]. Aquí se combinan dos acciones que se excluyen completamente entre sí. «La naturaleza no es caótica: es el reino de una estricta justicia». La naturaleza, el universo como creación: sin duda hay que afirmar esto, pero se corresponde mucho más con un *Lao-Tse* que con la *voluntad de poder nietzscheana*. «El mundo de los hombres se vuelve caótico», esto lo pueden decir con fervor tanto el seguidor del Tao como el cristiano, «cuando intenta emanciparse de la justicia que se encuentra en la esencia», y en el devenir y en el llegar a ser, «de las cosas», cuando renuncia al orden desde siempre y quiere introducir su propio orden arbitrario en la creación. ¡Todo esto hay que afirmarlo! Pero, ahora, lo totalmente incongruente: «cuando niegan la voluntad de poder». La concepción que Baeumler se ha formado de la voluntad de poder no mitiga aquí nada. La voluntad de poder sigue siendo una voluntad y una acción arbitraria que precisamente «tiene su origen en las relaciones de dominio» que el hombre introduce en la creación y que, por lo tanto, son una obra humana. Pero

---

[85] En el texto falta la indicación de que la cita está incompleta.
[86] NFP, p. 111. NPP, pp. 72-3.

lo que hace que la naturaleza como creación no sea caótica, sino el reino de una estricta justicia, no es una obra humana, sino aquello que ordena desde siempre, ante lo cual el orden introducido violentamente por parte del hombre es necesariamente algo contrario y que crea el caos. Con el reconocimiento de lo que ordena desde siempre que está en la naturaleza como creador y que convierte a esta en un reino de estricta justicia, no se pueden contemplar como el verdadero orden las relaciones de dominio generadas por la voluntad de poder y que el hombre introduce en la creación. Aquí debo afirmar que muchas de las cosas en *La voluntad de poder* llevan ya la marca de la sobreexcitación y se oponen a la verdadera sabiduría de Nietzsche. También creo que la imagen de Nietzsche que esboza Baeumler tiene una perspectiva política que parece influir perniciosamente en el pensamiento filosófico de Baeumler. Esto se ve especialmente en las explicaciones sobre «justicia y poder». Ahí se dice lo siguiente: «solo hay justicia donde hay poder. No existe la justicia sin poder: pero tampoco hay verdadero poder sin justicia»[87]. Pero estas son verdades banales que, sin embargo, pensadas en profundidad también son válidas en el cristianismo. «Tampoco hay verdadero poder sin justicia»; por lo tanto, justicia allí donde la verdad es poder; sin embargo, este no lo poseen los hombres. Esto está pensado cristianamente y sitúa también la justicia como lo inescrutable, precisamente como el poder que tiene poder sobre todo poder terrenal. Ahí no hay nada que pueda cosechar la voluntad de poder nietzscheana. No obstante, dice una nota de Nietzsche de la época de *La voluntad de poder*: «Justicia como función de un poder que mira hacia lo lejos en torno suyo, que ve más allá de las pequeñas perspectivas del bien y del mal, que por lo tanto tiene un horizonte de *beneficios* más amplio — la intención de conservar algo que es más que esta o aquella persona»[88]. Esta es una frase política, y entenderla políticamente significa no poder escucharla filosóficamente. Sin embargo, no va más allá del bien y del mal, lo cual sigue siendo válido aquí porque tiene la ventaja de hacer que parezca justificado querer conservar algo que se supone es más que otra cosa. Aquí es donde el político realmente encuentra su beneficio. El filósofo, sin embargo, tendría que protestar contra que se

---

[87] NFP, p. 115. NPP, p. 77.

[88] *Loc. cit.* NPP, pp. 77-8. La cita procede de NF verano-otoño de 1884, 26 [149], KSA 11, p. 188.

pueda sacrificar esta o aquella persona a algo que aún no se ha comprendido por completo y de lo que, por lo tanto, no se sabe lo que es, lo que, después de todo, según su carácter filosófico se supone que dice la frase. Desde el punto de vista filosófico es absurdo pensar que la voluntad de poder que el hombre ejerce arbitrariamente también está dirigida a un fin que pueda estar relacionado con la justicia. En ese caso, la justicia reside, más bien, en cómo esta voluntad de poder sigue actuando en contra de quien la ejerce. La forma en que *La voluntad de poder* afirma y alaba la guerra justifica considerar la voluntad de poder, en el sentido que le da Nietzsche, como una afirmación de la voluntad arbitraria de poder del hombre, como una afirmación del despliegue activo del poder, incluso como una afirmación de la violencia: esto excluye la justicia. Sin duda, «justicia y poder están en una mutua relación necesaria»[89]. Y la pregunta está bien planteada: «¿Qué puede ser el más alto poder sino el poder del *todo*? 'Justicia' es solo otra palabra para la existencia de este todo, para la autoconservación de este todo»[90]. Esto dice Baeumler y yo estoy felizmente de acuerdo con él. Pero este todo con su justicia sigue su camino sin la ayuda del hombre, sin la colaboración del hombre, y, por lo tanto, no es poder humano y sí es completamente independiente de la voluntad de poder del hombre. Sin embargo, el hombre, como parte de ese todo que es como criatura, para su desarrollo y prosperidad también está sometido al curso de ese todo. Por lo tanto, el núcleo esencial del hombre exige para su desarrollo y prosperidad subordinarse, y no imponerse, al curso de ese todo, una actitud *pasiva*, no *activa*. La voluntad de poder, tal y como la entiende Nietzsche y más aún Baeumler, exige, sin embargo, una actitud activa, es una superordenación de la voluntad de poder del hombre respecto de todo y, por eso, arbitrariedad y no justicia. La frase «*La voluntad de poder es, por consiguiente, solo otra expresión para la más alta justicia*» le da la vuelta a la verdad en la medida en que aquí se maneja la voluntad de poder nietzscheana en el peor sentido, el que afirma la guerra, crea relaciones de dominio a través de la violencia y «ve más allá de las pequeñas perspectivas del bien y del mal» para justificar su intención de querer sacrificar seres humanos con el fin de crear nuevas instituciones penales humanas, como Estados violentos y similares. Allí donde la voluntad

---

[89] *Loc. cit.* NPP, p. 78.
[90] *Loc. cit.*

de poder es realmente expresión de la más alta justicia, debe ser idéntica a la buena voluntad que somete a sus portadores al poder supremo, que incluso hace que se fundan con él y, así, les permite alcanzar su bienestar también en la tierra. Pero la voluntad de poder que quiere introducir en la creación vanas creaciones humanas basadas en la violencia es privación y privación de sí mismo. La justicia es lo más alejado de esta voluntad. Sin embargo, el hombre que cree en Dios, cuanto más profundamente observa en el gobierno de la existencia, puede llegar al final también a la visión apaciguadora de que la justicia es «el más alto representante de la vida misma»[91], lo que, sin embargo, a menudo solo se hace evidente con la muerte.

*

Baeumler entiende que el pensamiento del retorno no es algo esencial en la filosofía de Nietzsche, lo que a su vez revela la posición política de Baeumler. Pero lo que es seguro es que todo lo que la política no puede utilizar tiene incomparablemente más que ver con la filosofía que lo que la política puede aprovechar. Así, también el pensamiento del eterno retorno tiene muchísimo más contenido espiritual que la filosofía de la voluntad de poder en sus consecuencias políticas, que con toda su «inocencia del devenir» son robos que se cometen en el hombre. El primero por lo menos tiene a su favor que lo inescrutable parece que se conserva como la máxima autoridad, mientras que en *La voluntad de poder* –también según Baeumler– «hay que buscar lo que Nietzsche tiene que decir sobre la Europa cristiana y su posición»[92]. Pero la posición de Europa no es una tarea de la filosofía, y el pensador y el observador honestos deberían decirse que nunca ha existido una «Europa cristiana».

---

[91] NFP, p. 116. NPP, p. 78. Se reproduce aquí, sin las cursivas en el texto original, parte de una cita de Nietzsche: «*Justicia* como manera de pensar constructiva, separadora, destructora, a partir de las valoraciones: *el más alto representante de la vida misma*» (NF primavera de 1884, 25 [484], KSA 11, p. 141).

[92] NFP, p. 122. NPP, p. 87. Se traduce aquí la frase de Dallago, pero hay que aclarar que la cita es errónea: Dallago escribe «Stellung» donde Baeumler escribe «Rettung», de manera que la frase original dice lo siguiente: «hay que buscar lo que Nietzsche tiene que decir sobre la Europa cristiana y su salvación».

II

La segunda parte, que Baeumler dispone de manera más extensa, lleva por título «El político». Ahí se dice: «La clave para entender todas las exigencias y metas concretas de Nietzsche se encuentra en su visión del *Estado*». También leemos ahí que el «concepto fundamental de Estado en Nietzsche es *germánico, no alemán*»[93], y que Nietzsche se llamó a sí mismo el «último alemán antipolítico»[94]. Y también que «Desde su juventud, su inquina se dirige contra el Estado, no solo contra el Estado alemán»[95]. Por lo tanto, yo –que también desde mi juventud siento inquina contra el Estado– concluyo que el centro esencial de Nietzsche era por lo menos apolítico, si no antipolítico, lo que ya se revela en su creación poética. Pero, entonces, ¿cómo se le puede presentar como esencialmente político? Eso solo puede hacerlo quien haya sucumbido a la política. Incluso frases como «la cultura y el Estado son antagonistas» y «Todas las grandes épocas de la cultura son épocas de declive político: lo que es grande en sentido de la cultura, era apolítico, incluso *antipolítico…*»[96] no impiden a Baeumler celebrar a Nietzsche a como político y dice: «cuando [Nietzsche] se vuelve contra el Estado –al que ve como una institución *romana* y no alemana–, en Nietzsche está viva la germánica necesidad de libertad, el germánico orgullo y la terquedad del guerrero»[97]. Y ahora sigue una glorificación de la guerra: «*La guerra educa para la libertad*, pues educa para la responsabilidad, abre una distancia entre los que se ponen a prueba y los que no lo hacen, acostumbra al esfuerzo, la dureza y la renuncia, te convierte en

[93] Ambas citas en NFP, p. 125. NPP, p. 88.

[94] NFP, p. 126. NPP, p. 89. Véase en NFP la nota 158 sobre la autenticidad de esa frase.

[95] *Loc. cit.*

[96] Esta cita y la anterior, en *loc. cit.* La segunda cita la reproduce Dallago como si se tratase de dos, en lugar de una, procedente de *El crepúsculo de los ídolos.*

[97] NFP, *loc. cit.* NPP, p. 90.

indiferente respecto de la vida y, así, conduce a que se esté preparado para sacrificar hombres a su causa, incluido uno mismo»[98]. A continuación, se remite a «la más poderosa epopeya guerrera del mundo», la *Ilíada*, y se dice lo siguiente:

> Con qué placer descansa la mirada de Nietzsche sobre el espectáculo de esta implacable lucha, sobre estos «celos sangrientos entre ciudades, entre partidos, esta codicia asesina de aquellas pequeñas guerras, el triunfo tigresco sobre el cadáver del enemigo muerto, en resumen, la incesante e implacable renovación de aquellas bélicas y crueles escenas troyanas»[99].

Pero sobre la *Ilíada* también hay investigadores que creen que sería la obra de un esclavo que quería estigmatizar a los griegos y su crueldad. Aunque esto ahora no importa. Transfiramos, mejor, esta frase sobre la guerra a su forma actual, a las acciones y relaciones de persona a persona que ha desencadenado: ¿sigue siendo válido lo allí dicho? ¿La guerra educa para la libertad? ¿O más bien impide respirar y hacer sus necesidades libremente? ¿Educa en la responsabilidad cuando sofoca todo sentido de responsabilidad ante Dios en quienes la libra? ¡Y las distancias que abre entre los hombres en la medida en que rebaja a material humano a innumerables hombres que a su vez moviliza para la destrucción de semejantes! ¡Y puede corresponder al sentido de la existencia volverse indiferente ante la vida? Y, lo que es mucho peor, ¿no es cierto que en los principales culpables de una guerra esta indiferencia ante la vida solo se extiende hasta la vida de los demás y no a la propia? Y «sacrificar hombres», que no son un simple asunto de los hombres, a «su causa», como asunto meramente humano, ¿puede esta causa llegar a tener algún valor?

Si aceptamos estas glorificaciones de la guerra como descarrilamientos políticos y sustituimos «guerra» por «lucha», entonces también podemos estar de acuerdo con la frase de Zaratustra: «La lucha y el coraje han hecho cosas más grandes que el amor al prójimo»[100]. Pienso aquí concretamente

---

[98] NFP, p. 127. NPP, *loc. cit.*

[99] NFP, pp. 128-9. NPP, pp. 92-3. Lo entrecomillado es una cita de Nietzsche: *Cinco prólogos a cinco libros no escritos*, § 3: «El Estado griego», KSA 1, p. 771.

[100] La frase de Nietzsche aparece, correctamente citada, es decir, con «Krieg» en lugar de «Kampf», en NPP, p. 91 (NFP, p. 127). La cita procede de *Así habló Zaratustra* I, «De

en la vida de los primeros cristianos en la Roma pagana. Hay ahí en verdad lucha y coraje, a diferencia de en aquellas «bélicas y crueles escenas troyanas». También es un error comparar la naturaleza guerrera del germano con estos crueles actos bélicos. Aunque el germano también conozca la envidia, no la considera una virtud; Nietzsche la elogia como tal en los griegos. Baeumler dice: «El mundo cristianizado reconoce a la envidia solo como una emoción mala o mezquina; en el mundo griego, la envidia es el impulso hacia la autoafirmación, el poder, la victoria. Es este impulso el que Nietzsche ha mostrado en la base del mundo en su obra filosófica principal»[101]. Si bien la última frase puede ponerse en tela de juicio, en cualquier caso Nietzsche siempre mostró un gran interés por la envidia como impulso hacia la voluntad de poder que encontró en los griegos. Baeumler cita también las palabras del joven Nietzsche: «La *envidia* está acentuada *con mucha más fuerza* en los griegos»[102]. Precisamente el hecho de que fuese así en ellos y de que la envidia no solo condujese al poder y la victoria, sino a la autodestrucción y finalmente a la ruina, niega que la envidia sea una virtud en el hombre. Todo podría haber conducido a Nietzsche a ver que la valoración cristiana de la envidia es más perdurable que la supuestamente griega, que ciertamente no siempre fue la de los griegos. Así, es seguro que Sócrates no estaba dispuesto a emitir tan alto elogio, y si Nietzsche lo hizo, fue solo después de que la sobreexcitación y la arrogancia hubiesen preparado el terreno para eso. Pero también en él se manifiesta la envidia que él mismo había cultivado en su interior –y de hecho en el ámbito espiritual, donde tiene un efecto mucho más devastador que en el ámbito del poder externo– como algo que lo despojó y no lo desarrolló, que lo alejó de la verdad y lo llevó al error, que lo entregó a la ilusión en lugar de a la realidad: así, Nietzsche termina su vacilante escrito polémico *El Anticristo*, queriendo ponerse en el *tiempo* en el lugar de Cristo, con las palabras: «Y se cuenta el *tiempo* desde el *dies nefastus* con el que comenzó esta fatalidad, ¡desde el *primer* día del cristianismo! *¿Por qué no, mejor, desde su último día? ¿Desde hoy?* ¡Transvaloración de todos los valores!...»[103].

---

la guerra y los pueblos guerreros». KSA 4, p. 59.

[101] NFP, p. 129. NPP, p. 93.

[102] NFP, p. 106. NPP, p. 65. La cita procede de NF 1871, 16 [23] (verano de 1871 – primavera de 1872), KSA 7, pp. 402-3.

[103] KSA 6, p. 253.

Juzgar la envidia como impulso pernicioso, como pecado, da testimonio del sentido de la realidad y del valor de la valoración cristiana. Donde un pueblo crece en prosperidad, la envidia no tiene cabida. La envidia presupone que se es consciente de una carencia. La prosperidad no la conoce, pues goza de abundancia. Quien tiene abundancia no puede tener lo que le causa escasez. Pero tiene la abundancia quien ha interiorizado la gran realidad, sobre la que no tiene poder ningún poder humano. Esto vale para todos los hombres y, en la medida en que en un pueblo todavía es la expresión del hombre, también para todos los pueblos. Por lo tanto, también para los germanos, en quienes el ser hombres en el sentido de ser criaturas y parte del universo probablemente se expresaba mejor que en los pueblos de la actual Europa y sin duda mejor que en los romanos del Imperio. Ni siquiera en *Los nibelungos* encontramos en los héroes envidia alguna, a pesar de todo placer en la lucha y de todo orgullo y terquedad guerreros, con excepción de Hagen y su compañera, cuyo orgullo de mujer parece herido por su marido, que solo la conquistó a través de Sigfrido. Esto hace que sienta envidia de Kriemhilde, quien tiene por esposo al mejor de los héroes, y la envidia penetra en la superior capacidad defensiva [*Wehrhaftigkeit*] de Sigfrido. La verdadera naturaleza de Sigfrido no tiene rastro de envidia. Pero al respaldar un engaño con su veracidad [*Wahrhaftigkeit*] se hace culpable. Sin embargo, aquí solo tenemos que constatar que también en *Los nibelungos* tiene efectos extremadamente nefastos, pues conduce al asesinato de Sigfrido, lo que a su vez tiene como consecuencia que apenas queden héroes con vida. La visión cristiana de que la envidia es mala, de que, como pecado, al hombre no lo hace libre, sino que lo esclaviza y que lo expone a la desgracia, también encuentra su confirmación en la saga de los nibelungos.

También lo que nos enseña Andreas Heusler, a quien Baeumler, con razón, llama «el mejor conocedor del alma nórdica», no permite ni lo más mínimo que la envidia aparezca como una virtud de los germanos. Ahora escuchamos esto:

[…] a la imagen del héroe germánico le falta por completo lo suprapersonal. Para esta lucha no hay ninguna patria ni tierra; incluso la admiradísima lucha de héroes de la migración de pueblos, la última batalla de los ostrogodos con la caída del rey Teya, no fue, según este testimonio [según Andreas Heusler], una lucha por «la patria y la libertad». «Lo que importa es que en una situación extraordinaria uno se imponga y mantenga su honor de guerrero con coraje, autodominio y a pesar de la muerte».[104]

Esto también incluye la fe germánica, que está orientada hacia una vida de veracidad, fuerza, coraje, magnanimidad, valentía, asistencia a los débiles y deseo de ser justo para poder acreditarse con esto en el Valhalla. Por lo tanto, hay que prestar atención a la importancia la fe en la vida después de la muerte en la constitución de la naturaleza germánica. Pero también habría que diferenciar entre lo que se designa con «romano», «pagano» y «Renacimiento» y lo que sucede en las «sagas islandesas»[105], y si la moral de señores de Nietzsche se corresponde más con lo primero, ya no se corresponde con lo segundo. Donde cualquier medio –incluido el más perverso engaño, el robo y el asesinato alevoso– es bueno cuando está al servicio de alcanzar el poder y el dominio, no cabe duda de que no está en acción lo que caracteriza a los héroes de las sagas islandesas. Por mucho que en el epílogo de *El caso Wagner* Nietzsche hable «sobre la saga islandesa como el "casi más importante documento"» de la moral de señores»[106], con esto todavía no se demuestra que sea así. Mucho mejor sería diferenciar aquí entre una clase de señores y una clase de siervos y concluir que esta diferencia de clases también implicaba una diferencia en los respectivos derechos y deberes. Una moral de señores y una moral de esclavos, como se exponen en *La voluntad de poder*, no se encuentra en el norte germánico. Pero lo que dice Heusler establece al héroe germánico como completamente apolítico, incluso en contra del Estado. Así hay que entenderlo cuando se dice que le faltaba lo suprapersonal. Le falta el sentido para dejar que mande sobre él una obra humana como el Estado y también la Iglesia, en la medida en que adopta una estructura estatal, para reconocerlos como algo dominante en su vida. Está demasiado unido a la naturaleza del universo, se siente demasiado como parte de ella. Así, también lo bélico en él solo se preocupa de proporcionar actividad, por así decirlo como alimento para sus deseos

---

[104] Esta cita y la anterior, en NFP, p. 130. NPP, p. 94. El comentario entre corchetes es de Dallago.
[105] *Loc. cit.*
[106] NFP, *loc. cit.* NPP, p. 95.

de fuerza y coraje. Ni rastro de patriotismo. Solo quiere medirse, ponerse a prueba. Ni rastro de envidia. Todo el patetismo de la frase «¡Se trata del Estado!» tendría que caer sobre un héroe germano como un puñado de agua sobre una roca lisa. Y yo veo y noto últimamente que el hombre debe de haber degenerado cuando esas palabras, que tienen al Estado por ídolo, le causan impresión. Estado, cómo se encoge esta palabra hasta la nada ante la palabra 'patria', y esta se expande cada vez más con el hombre, al que se le ha dado la tierra entera como morada, y se expande más y más a medida que el hombre busca su proveniencia, hasta que lo inescrutable se convierte en su patria. El vikingo pudo sentirse conmovido por este oscuro sentimiento de la patria; así lo impulsó a tierras extrañas, al peligro y la lucha, a la oscuridad que ilumina haciéndola, así, accesible. Eso es lo que veo cuando busco las tradiciones perdidas de los germanos. ¿Cómo es posible, entonces, caer presa de la política, y más aún de una «gran política»?

———

Resulta absolutamente fatídica la manera en la que Baeumler entresaca las peores debilidades y errores de Nietzsche para utilizarlas políticamente como si fuesen sus virtudes. Así, se dice: «Si se quiere comprender la postura de Nietzsche respecto del cristianismo, jamás se puede obviar que la crucial frase "Dios ha muerto" supone una afirmación histórica». Y como «argumento realista» para esta afirmación se esgrime que Nietzsche «muestra cómo aparece realmente en la Europa "cristiana"». Por lo tanto, que en la supuesta Europa cristiana la fe cristiana en Dios no acontezca, lo que ya fue percibido y dicho por otros, no por Nietzsche, debería ser el argumento realista para la afirmación histórica de que Dios ha muerto, y la afirmación misma, mérito de Nietzsche. Probablemente, aquí el pensamiento político ha derrotado al filosófico; de lo contrario, ¿cómo se podría llegar a opinar que una afirmación histórica por parte de un hombre pueda ser suficiente para decidir si Dios vive o ha muerto? Pero además escuchamos esto: «La teología queda separada de la filosofía de la historia. Inseparable de la pregunta por el cristianismo es la pregunta por la historia del cristianismo. También aquí, en el estrato último y más profundo, encontramos en Nietzsche un germanismo. Del norte procede la doctrina del ocaso de los dioses». Y a continuación Baeumler cita a Nietzsche: «Creo en la sentencia originariamente germánica: todos los dioses deben morir»[107], y observa al respecto: «Si junto a esta frase del joven Nietzsche ponemos "Dios ha muerto", veremos la tarea de Zaratustra. Esta es su misión: proclamar la muerte del Dios cristiano desde una sustancia germánica»[108]. No se me ocurre nada peor para los jóvenes, los seres humanos en general y los alemanes, que creyesen esta interpretación. Para mí es completamente errónea. Por mucho que se base en algunas ideas vacilantes, superficiales, arbitrarias y miopes de Nietzsche, tal y como se expresa, en su composición y su conclusión es un producto político de Baeumler. Lamento esta interpretación; también deja lugar y poder a la Iglesia de Roma que con lo bíblico, en la medida en que aún lo enseña, al menos está todavía menos alejada de Dios. ¡Qué desastrosa influencia ejerce la política sobre el pensador!

Donde la teología está separada de la filosofía de la historia, la fe en Dios –en un gobierno que tiene poder sobre todo poder humano– probablemente puede cobrar vida mejor que con algunas actitudes teológicas, que también están infectadas de mundanidad allí donde buscan el dominio mundial para su Iglesia. Lo que revela la historia del sentido filosófico es, sin embargo, tan solo el constante y enorme errar del hombre, un inmenso despilfarro de fuerza por absolutamente nada, un revolver y devastar la tierra que están acompañados por la mutua dilaceración de los hombres. Y unido al verdadero cristianismo permanece la actitud interior que desencadena una acción que no está inscrita en la historia. Es la secularización del cristianismo lo que hace la historia. Pero el error absoluto radica en presentar como algo esencial en Nietzsche la doctrina nórdica «del ocaso de los dioses», la fe en «la sentencia originariamente germánica: todos los dioses deben morir» y relacionar esta doctrina y esta fe con la frase «Dios ha muerto», y de ahí extraer la conclusión que aquí «en el estrato último y más profundo, encontramos en Nietzsche un germanismo» en el que ahora se revela la tarea –como la tarea de Zaratustra– que consistiría en «proclamar la muerte del Dios cristiano desde una sustancia germánica». Atisbo aquí la pasión política que ha seducido a Baeumler a hablar de germanismo en Nietzsche, precisamente aquí, donde en el mejor de los

---

[107] La cita procede de NF 1870, 5 [115] (septiembre de 1870 – enero de 1871), KSA 7, p. 125.

[108] Esta y las anteriores citas, en NFP, p. 133. NPP, p. 98.

casos solo puede tomar la palabra un profundo desconocimiento de la fe y la religiosidad germánicas. Pero el error es más profundo. Es un cerrarse ante el cristianismo, ante la realidad del cristianismo, que ya se percibe en Nietzsche pero aún más en Baeumler y que ya no les permite tener ningún sentido abierto a la percepción de que en el hombre desde siempre ha habido algo que quiere volver a ser parte del poder que tiene poder sobre todo poder humano y que, por lo tanto, es la auténtica realidad. Si cobra vida por completo en el hombre, todos los dioses habrían de morir como apariencias. Y si a un hombre se le encomienda el cumplimiento de la misión de regenerar a la humanidad caída –caída en este mundo– mediante el poder a través del cual todo ha llegado a ser, entonces su venida –como una entrada en vigor de la gran realidad en un hombre– probablemente también puede ser presentido y visto por aquellos elegidos que han vuelto la espalda al mundo, como un movimiento de esta venida del hombre con su entrada en vigor de la realidad. Así, la venida, el nacimiento del Salvador fue visto y sentido aquí y allá –no solo entre el pueblo judío– por videntes y hombres de espíritu. Incluso en la Roma pagana.

Ahí nos encontramos con el poeta romano Virgilio, quien es su cuarta égloga hace que el universo se estremezca con el esperado nacimiento de un niño. Y el retoño esperado estaría llamado a «regenerar a la humanidad y engendrar una época de paz y justicia». Resulta legítimo relacionar lo visto y descrito con el nacimiento de Cristo. Así también en los germanos, entre quienes no solo el vidente goza de gran prestigio, sino que en general se encuentra mucha más sensibilidad para lo religioso, para lo místico e inescrutable que hoy en los alemanes que a través de su intelectualización y politización que todo lo anega parecen estar a merced de una realidad que casi en cada instante revela su caducidad. Por lo tanto, lo visionario, la visión religiosa del germano es, sin duda, aquello de lo que surgió la doctrina del ocaso de los dioses: lo visionario que con su sentido de la realidad vio el estar en el poder de los dioses como algo engañoso, como algo irreal, y al mismo tiempo también pudo ser consciente de algo que ha de venir y con lo que la entrada en vigor de la realidad encuentre su cumplimiento. Pero el cumplimiento solamente le será asignado al hombre para quien la entrada en vigor del único Dios sea alimento y vida. Este cumplimiento lo hizo realidad el Hijo del Hombre con su existencia terrenal. Por lo tanto, la frase esencialmente germánica «Todos los dioses deben morir» puede y debe entenderse como una profecía germánica que se refiere a lo que vino a este mundo con la vida y la doctrina de Cristo, con Él como la luz que no es de este mundo humano del engaño, la mentira y la violencia, sino que brilla en la oscuridad de este mundo y que enciende en los hombres la fe en la entrada en vigor del único Dios. Aquí se encuentra algo protogermánico que posee lo visionario en sentido religioso; pero no es germanismo proclamar la muerte del Dios cristiano como consecuencia de la doctrina del ocaso de los dioses, algo que resulta realmente absurdo, pues que todos los dioses deben morir solo se cumple con la vida del único Dios en el hombre.

«Para comprender al Nietzsche político»[109] también debería servir lo dicho sobre *El nacimiento de la tragedia*: «En este libro se presenta el trasplante de un mito profundamente antialemán, el cristiano, en el corazón alemán como la auténtica *perdición alemana*»[110]. Probablemente, es el Nietzsche del último período productivo quien habla así y con lo que vuelve a dejar constancia de su fatídico fracaso ante el cristianismo. También es muy dudoso que el intelectualizado corazón alemán de la actualidad pueda entender un mito germánico. Al alejarse Nietzsche de Wagner, no se convierte este en cristiano, pero hace que una vez más Nietzsche no reconozca lo cristiano cuando dice «que Wagner se volviese cristiano con *Parsifal*»[111]. Aquí, el prejuicio eclesiástico está presente en la comprensión del cristianismo. A la largamente venerada libertad de la mujer sigue el alejamiento de la mujer, pero en el orden divino está que el vínculo con la mujer preserve también la libertad de la mujer. Aquí radica el verdadero protestantismo cristiano, cuya tarea más esencial debería consistir, por supuesto, en mostrar, con ayuda de la fe afirmada en Dios, que lo cristiano no depende de ninguna Iglesia en sentido oficial. ¡Cómo podría el entrar en contacto con el poder que tiene poder sobre todo poder humano necesitar una institución que se ha creado y se conserva con los medios de ese mundo humano!

[109] NFP, p. 133. NPP, p. 99.
[110] *Loc. cit.* La cita procede de NF primavera de 1888, 14 [20], KSA 13, p. 227.
[111] NFP, p. 134. NPP, p. 99. La frase la dice Baeumler: «El hecho de que Wagner se volviese cristiano con *Parsifal* fue el detonante que condujo a la ruptura definitiva».

En el capítulo «Protestantismo y catolicismo»[112] también se habla mucho sobre el romanismo y el antirromanismo de Nietzsche. Es la confección política de todo el texto de Baeumler la que conduce a ese discurso para al final presentar el «antirromanismo nietzscheano» como decisivo y decir: «detrás del ataque de Nietzsche al cristianismo no está el librepensamiento latino, sino *Sigfrido. El paganismo nórdico es el inconmensurable y oscuro fondo del que surge el audaz combatiente contra la Europa cristiana*»[113]. Esto puede estar pensado como estímulo político para los jóvenes alemanes, pero no se corresponde con la realidad. Teniendo en cuenta la mezcolanza de ideologías y la dilución y opacidad de todo ismo, hoy *in praxis* nos parece ya imposible distinguir entre germanismo y romanismo, y mucho menos entre gradaciones y anti-ismos.

Contra la visión que Baeumler presenta, digamos ahora que lo que subyace al ataque de Nietzsche al cristianismo, como aparece en los últimos escritos, no es Sigfrido, sino el fatídico desconocimiento del cristianismo, en cuya base se encuentra la patológica sobreexcitación de Nietzsche. No permitir que este ataque influya significativamente en la valoración de Nietzsche es, por lo tanto, también parte del comportamiento de aquellos que quieren mantener perdurablemente su aprecio por Nietzsche. Con Sigfrido, el héroe, Nietzsche apenas comparte nada; para eso toda su naturaleza es demasiado complicada y fragmentada. Pero tampoco parece Nietzsche muy emparentado con la esencia protogermánica; para eso es demasiado pobre en capacidad para la fe. El paganismo nórdico no es, con seguridad, el fondo del que surge Nietzsche como combatiente contra la Europa cristiana, pues *«el paganismo nórdico es el inconmensurable y oscuro fondo»* del que surge el vidente germánico, el hombre de visión religiosa y, con él, las proféticas palabras: todos los dioses deben morir*, que, como ya se ha dicho, sin duda han de referirse a lo que ha venido al mundo con la existencia terrenal de Cristo: la restauración de la perdida relación del hombre con Dios, la entrada en vigor del único Dios en el hombre, y esto es una participación, hasta la incorporación, en el poder por el que todo ha llegado a ser.

---

[112] El título completo del segundo capítulo de la segunda parte es «El Anticristo. Protestantismo y catolicismo».

[113] NFP, p. 137. NPP, p. 103.

Un pueblo intelectualizado y entregado a la política fracasa ante el cristianismo. Si «todas las afirmaciones importantes» de Nietzsche sobre los alemanes deberían tomarse desde este punto vista: «¿qué papel desempeñan los alemanes en el proceso de cristianización de Europa?»[114], habría que responder: básicamente, el mismo que los otros pueblos: confunden cristianismo con Iglesia y Roma, y eso es un error, el mismo en el que caen tanto Baeumler como Nietzsche. Así, oímos lo siguiente: «desde hace milenios Alemania está expuesta a la romanización, en la que Nietzsche, como hombre del norte, ve un mal»[115]. Ahora bien, la romanización eclesiástica no ha durado milenios, y con la otra terminó Arminio en lo que hoy es suelo alemán. Tampoco nos parece Nietzsche esencialmente como un nórdico, lo que sí muestra Kierkegaard incomparablemente más al juzgar que el mal radica en que la Iglesia oficial se hace pasar por cristianismo y en que también es tenida por tal. De ahí que tampoco habría que hablar de un «proceso de cristianización», sino tan solo de un proceso de «iglesificación»[116] del cristianismo, de una romanización del cristianismo del que tampoco se libra el protestantismo con la oficialización de su Iglesia. Allí donde lo eclesiástico y el culto han llegado a ser lo fundamental para lo cristiano, la romanización ha desempeñado un papel. Pero para alcanzar este conocimiento es necesario que uno se mantenga abierto, receptivo y no cerrado al cristianismo, y esta última actitud es la que no deja de percibirse en el libro de Baeumler sobre Nietzsche. Esto se evidencia especialmente en la observación: «los góticos tras su conversión llamaron 'paganos' a la gran masa de aquellos de su misma estirpe»[117]. Y a continuación dice

---

[114] Ambas citas en NFP, p. 138. NPP, p. 105.

[115] NFP, *loc. cit.* NPP, p. 104.

[116] *Verkirchlichung*. Las comillas son mías.

[117] NFP, p. 138. NPP, p. 105. Dallago se confunde y toma las palabras de Nietzsche como si fuesen de Baeumler. Este error lo comete en las siguientes citas, todas procedentes del § 146 de *La gaya ciencia*, que en la edición original alemana se recoge en su integridad, y entrecomillado, en las páginas 105-6. Además, esta cita en concreto no es fiel al original: «Los "alemanes": originalmente, eso significaba los "paganos"; así llamaron los góticos tras su conversión a la gran masa de aquellos de su misma estirpe que no se bautizaron siguiendo las indicaciones de su traducción de la Septuaginta, en la que se designaba a los paganos con la palabra que en griego significa "los pueblos": véase Ulfilas». La cita procede de *La gaya ciencia*, § 146, KSA 3, p. 492.

Baeumler[118] que «todavía sería posible que los alemanes transformasen su mote en un sobrenombre honorable si se convirtiesen en el primer pueblo *no cristiano* de Europa [...] Así se completaría la obra[119] de *Lutero*, quien enseñó a ser no románico y a decir "¡Aquí estoy *yo*! ¡No lo puedo evitar!"». Esta interpretación de la obra de Lutero es probablemente uno de los últimos logros de la política alemana y tiene como valedores al antiguo pastor protestante Petras (quien puso el cristianismo a merced de la política nacional y, así, puedo decir de sí mismo: Di oro por hierro[120]) y quizá también a Ludendorff. Es, por supuesto, completamente errónea y tampoco supone el más mínimo peligro para la Iglesia de Roma, que sería la que menos tendría que temer de un Lutero *pagano*. Pero la situación también puede juzgarse de otra manera. Para empezar, primero habría que encontrar un pueblo *cristiano* antes de que otro pueda convertirse en el primer pueblo *no cristiano*. Y, para seguir, la obra de Lutero es precisamente en su esencia no romana completamente *cristiana*, ya que la fe cristiana es la que primero enseñó a Lutero a no ser romano y a posicionarse en contra de la naturaleza no cristiana de la Iglesia romana. Es la fe en Dios de Lutero, fe que está por encima de Roma, la que le permite decir: «¡Aquí estoy *yo*! ¡No lo puedo evitar!». Lo que todavía le falta a Lutero es que no tiene las ideas claras sobre la valoración de la Iglesia, que todavía cree que está luchando contra los excesos de la Iglesia y no ha reconocido plenamente a la Iglesia romana oficial –con sus esfuerzos por materializar la idea de un imperio secular que tanto la ha familiarizado con este mundo–[121] como la *aberración del cristianismo*. En esta visión y en su práctica probablemente encontraría la obra de Lutero su culminación. Con esta interpretación de la situación incluso se podría conciliar que ahora Baeumler recurra a Zaratustra: «La tendencia antirromana y antiestatal de Zaratustra no carece de íntima relación con su hostilidad hacia la Iglesia, ese "último edificio romano"[122]. "¿La Iglesia? ¿Qué es eso? — La Iglesia, respondo yo, es una

---

[118] Como se ha indicado en la nota anterior, estas palabras no son de Baeumler, sino de Nietzsche.

[119] En el texto de Dallago pone «Wort» [palabra], y no «Werk» [obra], que es lo correcto.

[120] Dallago ironiza con la conocida frase «*Gold gab ich für Eisen*».

[121] En el texto de Dallago, la acotación se encuentra escrita a mano, con lápiz salvo algunas letras a bolígrafo, en el margen inferior de la página.

[122] *La gaya ciencia*, § 358. KSA 3, p. 602.

especie de Estado y, de hecho, la más engañosa"[123]»[124]. Pero si esto se reconoce y se afirma, ¿cómo es posible, entonces, que todavía se confunda Iglesia con cristianismo? ¿Cómo es posible atribuir el paganismo al Lutero no romano, a su levantamiento contra la Iglesia? ¿Cómo es posible considerar que la obra de Lutero encontraría su culminación solo cuando los alemanes, como pueblo suyo, se convirtiesen en paganos declarados? Me parece que Baeumler está destinado a mostrarnos, sin querer, el fracaso total de Nietzsche ante el cristianismo. Así, cuando dice: «El mero hecho de que exista un cristianismo del norte, un protestantismo, a Nietzsche le parece más que suficiente. Si ha de existir un cristianismo, tiene que pertenecer a los pueblos entre los que ha surgido y se ha expandido al principio. Es una creación del mundo mediterráneo y, por lo tanto, algo extraño desde el comienzo al norte germánico»[125]. Y a continuación se cita a Nietzsche:

> Si alguien quiere afirmar que el germano está prefigurado y predeterminado para el cristianismo, no puede carecer de desvergüenza, pues lo contrario no solo es verdad, sino también evidente. ¿Por qué la invención de dos insignes judíos, Jesús y Saulo, los judíos más judíos que quizá jamás existieron, tendría que ser más propia precisamente para los germanos que para los otros pueblos?[126]

Y seguidamente oímos que Nietzsche llama al cristianismo un «exceso de moralidad oriental»[127]. Curioso que este exceso como algo que ha de venir ya se perciba en el más grande los griegos, en Sócrates, que al poeta romano Virgilio condujese a una promulgación visionaria y que los videntes germánicos hubiesen profetizado sus consecuencias. Curioso, también, que el pueblo griego se le reconozca como de la misma estirpe y que formase parte del mundo mediterráneo donde por primera vez se difundió el cristianismo. Curioso, también, que en la reciente literatura del norte y del este de Europa haya mucho más verdadero cristianismo –cristianismo

---

[123] *Así habló Zaratustra* II. KSA 4, pp. 169-70.

[124] NFP, p. 139. NPP, p. 106.

[125] NFP, p. 141. NPP, p. 109.

[126] NFP, pp. 141-2. NPP, *loc. cit.* La cita procede de NF primavera de 1880, 3 [115], KSA 9, p. 80.

[127] NFP, p. 142. NPP, *loc. cit.* La cita procede de NF primavera de 1880, 3 [128], KSA 9, p. 88.

que ocupa y perturba y que tiene que ver con la vigencia de Dios– que en la de aquellos pueblos latinos en los que la Iglesia se ha apoderado por completo del cristianismo y afirmó como la primera su propia vigencia. ¡Qué ridículo pretender que el despertar del hombre a la fe en la vigencia del único Dios y una vida que se corresponda con esto y que enseña el cristianismo solo valga para determinadas regiones y pueblos! Lo que aquí se manifiesta en Nietzsche es sobreexcitación y confusión, por lo que haríamos bien en no tener en cuenta estas afirmaciones a la hora de valorar a Nietzsche. Sin duda, también interviene aquí la soberbia intelectual que lleva a la confusión y que hace que Nietzsche desvaríe sobre valores «nobles». Enfadado con Lutero porque a través de él se vio privada «Europa del sentido de la última gran época, el Renacimiento», dice en *Ecce homo*: «Lutero, ese fatídico monje, restauró[128] a la Iglesia y, lo que es mil veces peor, al *cristianismo* en el momento en el que *sucumbía*… Los católicos tendrían motivos para celebrar fiestas luteranas, para escribir obras teatrales luteranas…». Y Baeumler lo cita[129]. Ahora oímos aquí que Nietzsche afirma que Lutero ha restaurado el cristianismo. Lo que hace un momento oímos decir a Nietzsche era todo lo contrario: que la obra de Lutero habría encontrado su cumplimiento en la Alemania convertida al paganismo. Pero también oímos el devastador juicio de Zaratustra sobre la Iglesia. Y ahora el cristianismo sería mil veces peor. A partir del juicio sobre la Iglesia así como de otras afirmaciones de Nietzsche ya citadas, procedentes de *Ecce homo*, se deriva que la Iglesia se ha de entender como un adversario o al menos como un opuesto al cristianismo; piénsese solo en las palabras de Nietzsche: «El cristianismo *niega* a la Iglesia»[130]. ¿Y ahora los católicos –por lo tanto, los prosélitos y afirmadores confesos de esta Iglesia con toda su

---

[128] En el margen superior izquierdo de esta página hay una nota escrita en la que se señala la necesidad de cotejar la cita, ya que en el escrito a máquina está escrito, erróneamente, «wieder hergestellt». Esto está corregido a bolígrafo y también se añade la coma después de «Kirche».

[129] Esta cita y la anterior, en NFP, p. 143. NPP, pp. 111, 112. Dallago reproduce de manera incompleta la primera frase citada, que sí recoge Baeumler en su integridad: «Los alemanes han privado a Europa de la cosecha, del sentido de la última gran época, el Renacimiento». Véase *Ecce homo*, «El caso Wagner», § 2. KSA 6, p. 359.

[130] Se reproduce aquí la cita con la cursiva del propio Nietzsche y que, en esta ocasión, obvia Dallago.

mundanidad y secularización– deberían tener motivos para celebrar a Lutero como restaurador del cristianismo? ¡Qué terrible confusión! Pero esto no afecta a la cuestión que el libro de Baeumler sobre Nietzsche intenta defender. La pasión política obliga al autor a mostrarnos a Nietzsche como gran político, quien puede contradecirse y negarse constantemente con tal de que exprese su voluntad de poder en la derrota del cristianismo. Así, Nietzsche, el antirromano asaltante del Estado y la Iglesia, se convierte, de hecho, en admirador del Estado y de Roma. «De esta manera», dice Baeumler, «el *Imperium Romanum* recibe el más alto elogio: "El cristianismo fue el vampiro del *Imperium Romanum* […]El *Imperium Romanum* […] la más admirable obra de arte de gran estilo era un principio, su construcción estaba calculada para *demostrar* su valía durante miles de años, — ¡hasta la fecha no se ha construido, ni siquiera se ha soñado construir en la misma medida *sub specie aeterni!*»[131]. A partir de lo citado vemos que solo cuando el filósofo ha sucumbido a una sobreexcitación realiza afirmaciones que permiten a su admirador con inclinaciones políticas presentarlo como político. Y a partir de esto concluimos: solo cuando la confusión se apodera de un filósofo, la filosofía cede su lugar a la política.

—

En contra de lo dicho por Baeumler, nosotros afirmamos que el *Zaratustra* de Nietzsche –en la medida en que se habla sobre el Estado– se opone al Estado en sí, a toda estructura estatal, y que, por lo tanto, no se puede decir: «No es el gran tipo histórico de Estado contra el que Nietzsche se vuelve»[132]. Tampoco podemos extraer del Zaratustra ningún sentido político; tampoco que se dirige «contra los ideales democráticos y socialistas»[133]. Más bien, nos parece esencialmente una obra que requiere una valoración estética. También la definición que Nietzsche da de cultura tiene un carácter completamente estético: «Cultura es la unidad del estilo artístico en

---

[131] NFP, p. 144. NPP, p. 113. La cita de Nietzsche, aquí incompleta, procede de *El Anticristo*, § 58, KSA 6, pp. 245-6.

[132] NFP, p. 148. NPP, p. 117. En el contexto de esta frase, Baeumler no se está refiriendo en concreto al *Zaratustra*.

[133] NFP, p. 149. NPP, p. 119. Aquí sí explícitamente se refiere Baeumler al *Zaratustra*.

todas las expresiones de la vida de un pueblo»[134], lo que Baeumler también reconoce, aunque lo haga para señalar que el joven Nietzsche no está de acuerdo con esta cultura, pues «En él vive de manera oscura y potente la idea de una forma de vida alemana más alta, rica y poderosa que todas las habidas hasta entonces»[135]. Y «Tiene en mente esta concepción de los alemanes cuando habla […] de una "educación a través del arte extraída de la esencia alemana"»[136]. Resulta extraño cómo Baeumler quiere que esta observación hable de Nietzsche como político. Hablar de una «educación a través del arte extraída de la esencia alemana» solo se puede entender a partir de la relación de Nietzsche con Wagner y los griegos. En estos vio el teatro como una forma de arte de carácter educativo religioso, y en Wagner, Nietzsche creyó ver al principio algo de esta naturaleza germánica. Lo que se ignoró fue que los germanos, después de todo, no eran griegos y que una educación derivada de la naturaleza germánica no tiene nada que ver con el arte en el sentido de los griegos, no puede renovarse ni lograrse a través del arte. Esto se demostró también con los dramas musicales de Wagner y Nietzsche era muy consciente de eso. Todo lo aquí dicho por Nietzsche está, por lo tanto, esencialmente relacionado con el arte y no con la política. Baeumler intenta mitigarlo cada vez que puede al observar que la palabra 'artístico' en la definición de cultura solo puede entenderse de manera correcta cuando se percibe la pulla dirigida contra la ciencia. «Es imposible», apunta Nietzsche, «construir una cultura a partir de la ciencia»[137]. «El *control sobre la ciencia* tiene lugar ahora *solo* a través del arte»[138]. Y ahora continúa Baeumler: «La devoción por el arte no significa aquí, por lo tanto, una huida en lo estético […] sino justo lo contrario: regreso a la

---

[134] NFP, p. 150. NPP, *loc. cit.* La frase se encuentra en la *Primera consideración intempestiva*, § 1. KSA 1, p. 163. También en la *Segunda consideración intempestiva*, § 4. KSA 1, p. 274.

[135] NFP, p. 152. NPP, p. 122.

[136] *Loc. cit.* Dallago no entrecomilla las palabras de Nietzsche, como sí hace Baeumler, y que proceden de NF 1870, 5 [82] (septiembre de 1870 – enero de 1871), KSA 7, p. 115.

[137] *Loc. cit.* La cita proviene de NF 1872, 19 [21] (verano de 1872 – comienzos de 1873), KSA 7, p. 423

[138] NFP, pp. 152-3. NPP, p. 123. Dallago no incluye las cursivas. La cita proviene de NF 1872, 19 [36] (verano de 1872 – comienzos de 1873), KSA 7, p. 428.

vida»[139]. De los fragmentos póstumos todavía se cita lo siguiente como «la versión correcta de aquella definición»: «La *cultura* de un pueblo se manifiesta en el *dominio unitario de los impulsos de ese pueblo*»[140]. En realidad esto dice muy poco y no parece correcto, pero al menos se trata de una definición ética, no política.

Y ahora oímos que «el *Estado griego* desempeñaba un importante papel en la visión del joven Nietzsche»[141]. Del escrito de juventud «El Estado griego» se cita lo siguiente:

> El Estado, de nacimiento ignominioso, para la mayoría de los hombres una constante fuente de penalidades, en frecuentes y recurrentes períodos la devoradora antorcha del género humano — ¡y, sin embargo, un sonido por el que nos olvidamos de nosotros mismos, una llamada a la batalla que ha entusiasmado a innumerables actos de auténtico heroísmo, quizá el más elevado y digno objeto para la masa ciega y egoísta que solo en los tremendos momentos de la vida del Estado tiene en sus rostros una extraña expresión de grandeza![142]

A partir de estas palabras, Baeumler concluye que «su pensamiento [el de Nietzsche] *podría* haber seguido el camino hacia el Estado» y que «*La voluntad de poder* no habría sido, entonces, la obra de un solitario» y «Bismarck y Nietzsche no habrían sido enemigos». Baeumler pasa por alto que aquí un joven profundamente sensible habla en función de su percepción, que también incluye el conocimiento de la historia, sobre algo que quizá le resulta personalmente ajeno pero que es «quizá el más elevado y digno objeto para la masa ciega y egoísta»[143]. Baeumler es partidario del Estado autoritario; incluso a este le transfiere la práctica de la visión supuestamente defendida por Nietzsche según la cual «El genio [...] es la meta de toda

---

[139] NFP, p. 153. NPP, *loc. cit.*

[140] Ambas citas en *loc. cit.* Dallago no incluye las cursivas. Las palabras de Nietzsche provienen de NF 1872, 19 [41] (verano de 1872 – comienzos de 1873), KSA 7, p. 432.

[141] NFP *loc. cit.* NPP, p. 124.

[142] NFP, p. 154. NPP, pp. 124-5. *Cinco prólogos a cinco libros no escritos*, § 3: «El Estado griego», «Prólogo», KSA 1, p. 771.

[143] Estas cuatro últimas citas, en *loc. cit.*

evolución natural y de todos los esfuerzos humanos»[144], y alega a favor de esto que Nietzsche «nombra a la esclavitud como primera condición de su Estado del genio»[145]. Y se traen al caso palabras de Nietzsche: «La crueldad también forma parte de la esencia de la cultura; concebir, vivir y matar son lo mismo; hay que comparar a la grandiosa cultura con un vencedor empapado en sangre (*El Estado griego*)»[146]. Y observa Baeumler: «¡Qué imagen bárbara, amoral, puramente nietzscheana! El Estado es solamente un medio hacia una meta: es el conquistador con mano de hierro, pero de esta mano trae "la maravillosa y exuberante mujer" de la sociedad griega»[147]. ¿Qué dirían de esto los griegos de aquel entonces?

Pero todavía escuchamos, y, de hecho, como visión nietzscheana: «El arte es la meta, el camino hacia esta meta pasa por el Estado»[148]. A continuación se dice de la idea sobre la educación del joven Nietzsche:

> […] para que pueda surgir la gran obra de arte, se necesita la voluntad concentrada del Estado que, «como fuerza mágica», obliga al individuo a los sacrificios y preparativos que posibilitan el despliegue de grandes proyectos artísticos. […] el Estado es la «garra de hierro»[149], obliga al individuo a ponerse al servicio del genio, libra sus guerras, roba y mata, pero en el instante en el que se produce una interrupción, cuando hay «unos días cálidos»[150], brotan las brillantes flores del genio.[151]

¡Qué error, lamentable desde la primera hasta la última palabra! Parece que se dice para tener que refutar a Nietzsche pero se pretende que sirva para verlo como político. Pero hasta donde conozco la obra de Nietzsche, en sus escritos hay numerosas afirmaciones que niegan lo que hemos

---

[144] NFP, pp. 154-5. NPP, p. 125. Dallago no indica que la cita es incompleta, si bien lo que fala en la frase es solo una acotación: «El genio –esto será así hasta el final– es la meta…».

[145] NFP, p. 155. NPP, p. 126.

[146] *Loc. cit*. Véase KSA 1, p. 768.

[147] *Loc. cit*. Dallago no entrecomilla las palabras de Nietzsche (KSA 1, p. 772), como sí hace Baeumler.

[148] *Loc. cit*.

[149] «El Estado griego», KSA 1, pp. 769, 772.

[150] *Ibid*., p. 772.

[151] NFP, pp. 155-6. NPP, p. 127.

oído, que presentan al Estado como antípoda del arte y que, como mucho, muestran su antagonismo como algo que fortalece la capacidad creativa del hombre. Aunque el Estado griego pudo haber sido en algunos momentos provechoso para el genio, nunca y en ninguna parte el surgimiento de la gran obra de arte ha estado ligado a la voluntad concentrada de un Estado, que tampoco puede obligar a nadie a ponerse al servicio del genio porque con el ejercicio de la coacción estatal solo se puede servir a lo estatal y no al genio, a lo opuesto a lo creativo. Además, el Estado griego nos queda demasiado lejos para poder concebirlo en su verdadera realidad, de manera que son siempre brillantes episodios y acontecimientos individuales los que penetran en nosotros de manera decisiva y que, así, puede hacer que brille hasta hacer que opinemos que las brillantes flores del genio griego se deban al Estado. Pero lo que hay que afirmar es que una creación humana que demuestra su existencia librando guerras, robando y matando, no hace que broten las flores del genio, pues estas brotan siempre de las profundidades del hombre y no solo del suelo establecido de una creación humana que, de hecho, puede constreñir al hombre hasta el punto de que este se vea obligado a introducirse más en sus profundidades y tomar de ahí aquello de lo que carece el Estado. Así surgen las brillantes flores del genio. Así nos lo enseña nuestra vida y nuestras relaciones con el Estado que tenemos a nuestro alrededor y que también observamos en tiempos pasados y que somos capaces de captar y sentir. Todo hombre con una postura política tiene que falsificar en este punto; para no dejar sin efecto su postura, necesita al Estado, lo que a su vez hace que necesite que el Estado sea algo grande, y no lo es. Por lo tanto, el camino hacia el arte no pasa por el Estado, sino que se aleja de él, en cualquier caso en una dirección que se opone a las intenciones del Estado. Y allí donde el arte es la meta, ya hay decadencia, pues el arte es, en el mejor de los casos, manifestación de la propia vida no *vivida* y, así, solo puede ser un indicador hacia la verdad y la vida. En él, como obra del genio que trasciende el tiempo, muestra a toda política su caducidad. De ahí que sea lógico que una posición política que se basa en el inestable suelo del Estado se vea obligada a relacionar al Estado con el genio.

Así, todavía tenemos que oír «lo que Nietzsche denomina la doctrina secreta de la relación entre Estado y genio», que se interpreta así:

el originario fundador del Estado es el genio militar que crea el Estado a través de la división y el orden. Hace retroceder de inmediato la importancia de la familia: el varón vive en el Estado, el hijo se cría para el Estado y de la mano de este. Justo por eso la *mujer* adquiere su validez: como ser más cercano a la naturaleza, como lo mismo eterno en reposo significa para el Estado lo mismo que el sueño para el ser humano. De esto no se concluye que viva como *madre* en la oscuridad porque el impulso político, junto con su más alta meta, lo exige.[152]

¡Qué monstruoso Estado! Tiene como condición necesaria que Dios haya muerto y donde este requisito ha cobrado cierta legitimidad por medio de la forma de vida de las iglesias oficiales, a las que se supone que debe confiarse la guía de la humanidad según la voluntad de Dios, pero que, sucumbiendo al sentido mundano, conducen a la humanidad a la política, allí también se puede encomendar a un Estado tan monstruoso una tarea, por así decirlo, de la Providencia: acabar con esta administración infiel y completamente secularizada de la causa de Dios y con todos los Estados mentirosos y vergonzosamente violentos que a sí mismos se llaman cristianos. Lo que deba hacerse a continuación no es asunto de los humanos. Ya que no ha muerto Dios –la fuerza a la que la humanidad y la creación deben su existencia y por el cual todo ha llegado a ser–, sabrá cómo encargarse de esto y hacer que el hombre se lo tome en serio.

Quien, frente a esta fuerza, todavía deposite cualquier tipo de esperanza «en la fuerza bélica de Prusia»[153] o en cualquier otro poderío militar de pueblos, naciones o incluso razas, no tiene ninguna esperanza, pues este quedará en vergüenza.

———

Sin duda no le tomamos a mal a Nietzsche que no comprendiese «el movimiento nacional que acompaña a la fundación del Reich», pero en quien así piensa y rechaza como «un deseo desacertado querer ver a una nación como una ostensiva unidad mecánica dotada de un glorioso

[152] Esta cita y la anterior, en NFP, p. 156. NPP, pp. 127, 128.
[153] NFP, p. 159. NPP, p. 131.

aparato gubernamental y esplendor militar», parece realmente una deformidad del pensamiento creer que el Estado, que libra guerras y roba y mata, es capaz –que incluso se le ha confiado la tarea– de «preparar al pueblo para el surgimiento del genio»[154]. De hecho, es absurdo hablar del surgimiento del genio, pues ¿quién podría decir cómo se engendra el genio? La pasión política impele a la violencia. Y quien rinde homenaje al poder estatal como a su ídolo –aunque solo sea por el momento–, se verá impelido a usar la violencia para producir la deseada «relación entre Estado y genio». Y aunque a Nietzsche tampoco se le puede considerar como «una oposición al Estado con ayuda del "espíritu"»[155], sí hay que contarlo entre aquellos espíritus que, en sus mejores momentos, desde el sentido contra el mundo y el sentido para lo eterno e inescrutable, se oponen al poder estatal en cuanto vana obra del hombre y a quienes en el fondo toda política les resulta ajena.

Pero los esfuerzos políticos de Baeumler no disminuyen. Vemos a Nietzsche contrapuesto a Bismarck y, de hecho, para mostrarlo políticamente superior a este. A continuación, leemos que «solo hubo un político realista […] y un filósofo realista»[156], quienes, tras el hundimiento en la Guerra Mundial del Reich diseñado por Bismarck, se hacen visibles ante nosotros como «los dos grandes rivales del pasado»[157]. «El pensador solitario corre contra el célebre estadista en la misma pista; ambos son alemanes, un tipo alemán que se repiten con siglos de distancia»[158]. Aquí la palabra 'alemanes' tiene un carácter político restrictivo que no sirve para Nietzsche. Teniendo en cuenta a Nietzsche, más bien habría que haber dicho que ambos alemanes son hombres de «un tipo, de unas características que solo se repiten con siglos de distancia». Para esto recurro al aforismo de Nietzsche que Baeumler cita poco antes: «Ser un buen alemán significa desalemanizarse»[159]. (Yo lo interpreto así: tampoco el alemán va muy lejos con su mero

[154] Las tres últimas citas en NFP, p. 160. NPP, pp. 132, 133.

[155] NFP, p. 161. NPP, p. 134.

[156] NFP., p. 162. NPP, p. 135. Dallago no indica que está citando de manera incompleta.

[157] *Loc. cit.*

[158] NFP, p. 165. NPP, pp. 138-9.

[159] NFP, p. 164. NPP, p. 138. La cita procede de *Humano, demasiado humano* II, «Miscelánea de opiniones y sentencias», § 323. KSA 2, p. 511.

ser alemán, no alcanza el crecimiento humano porque también para él, para su buena constitución [*Wohlgeratenheit*], es decisiva la constitución humana. Lo alemán, como todo lo meramente nacional en sí, en realidad no es algo tangible). Sin embargo, Baeumler opina que «Para los auténticos competidores, la causa se une inseparablemente con la persona» y que con la frase citada «golpea en el corazón al líder de Alemania, la Alemania que él, Nietzsche, debería liderar, pues quien no hace nada para desalemanizar, alemaniza tanto como puede. *¡Pero así se es no-alemán!* ¡Así se aleja de nuestra tradición, de los más válidos de nuestro pueblo! ¡Por lo tanto, Bismarck ya no pertenece al grupo de los más válidos de nuestro pueblo!»[160]. ¡Así es cómo Baeumler desarrolla su causa política, para la que quiere ganar a Nietzsche como un gran político! Naturalmente, también reclama una buena lectura política de lo dicho por Nietzsche. Y, así, se cita el aforismo: «Leer *bien* significar leer lenta y profundamente, con consideración y cautela, con segundas intenciones, con las puertas abiertas, con dedos y ojos delicados…»[161]. De esta manera, también la frase «Por último, pero no menos importante: ¿a qué se dedicará a partir de ahora la nobleza cuando parece cada día más que dedicarse a la política es *indecente*?»[162] se ve como una pulla contra Bismarck, y como prueba se alegan las palabras que a los versos luteranos «Que nos despojen de nuestro cuerpo, bienes, honor, hijos y esposas: que perezcan — ¡siempre nos quedará el Reino [*Reich*]!» añade Nietzsche: «¡Sí! ¡Sí! ¡El 'Imperio' [*Reich*]!»[163].

Curioso: lo que Baeumler cita para hacernos ver a Nietzsche como un gran político, ¡nos lo muestra *pequeño*, incluso fracasado! Así, el fracaso más pernicioso se encuentra, sin duda, en las palabras: «¡Sí! ¡Sí! ¡El *Reich*!», como un eco nietzscheano de las palabras de fe de Lutero. ¡Qué rápido y qué lejos el pensamiento político aleja incluso a inteligencias privilegiadas de la creencia en Dios y su revelación de la realidad! «La burla va aún más lejos»[164], dice Baeumler, y con ella también, ciertamente, el fracaso ante la

---

[160] Esta cita y la anterior, en NFP, p. 165. NPP, p. 139. Dallago no incluye las cursivas.

[161] NFP, p. 167. NPP, p. 141. La cita procede de *Aurora*, «Prólogo», § 5. KSA 3, p. 17.

[162] NFP, p. 168. NPP, p. 143. La cita procede de *Aurora*, § 201, KSA 3, p. 176.

[163] NFP, p. 169. NPP, p. 143. Se trata de los últimos versos del himno de Lutero «Ein feste Burg ist unser Gott». La cita procede de *Aurora*, § 262, KSA 3, p. 209. Dallago pone en cursiva, erróneamente, «¡Sí, sí!».

[164] *Loc. cit.*

realidad de la interiorización. La política cierra, hace que los hombres sean pequeños y débiles precisamente al permitirles creer que están tratando con cosas grandes cuando tratan con ella. Qué pequeño y débil se vuelve Nietzsche en su enemistad contra Bismarck. Y su admirador *político*, el profesor Baeumler, lo deja al descubierto de esta manera: «Es especialmente sutil el hecho de que Nietzsche *no nombre* al estadista [...] En lugar del nombre aparece una característica de Bismarck que con solo dos palabras lo dice todo: "Piensa y sabe de filosofía tanto como un campesino o un estudiante de una corporación [...] todavía es inocente"»[165]. Y aún oímos sobre el motivo del enfado de Nietzsche: «¿Se entiende ahora lo que se le reprocha a Bismarck? Que ha ignorado a *Nietzsche*, que creía guiar al pueblo alemán mientras a su lado se pensaban las ideas más profundas y revolucionarias sin que supiese nada de todo eso»[166]. ¡Como si la tarea de un líder político fuese poner en práctica inmediatamente las ideas más profundas y revolucionarias pensadas por un contemporáneo y filósofo, y como si la tarea de las ideas más profundas y revolucionarias no fuese no tener nada que ver con el Estado y la política y trascender el tiempo y con el tiempo penetrar en el tiempo, moverlo y transformarlo al abrirse paso estas ideas revolucionarias en la visión y la vida del hombre! Por muy poco que Bismarck hubiese entendido de filosofía —algo que, sin embargo, no creemos—, se evidencia más falta de entendimiento en un filósofo cuando este se siente herido porque un político no hace uso de sus ideas revolucionarias. Lo que Baeumler destacada como supuestas virtudes de Nietzsche en comparación con Bismarck se hace a costa de Nietzsche. Así, también el hermoso aforismo «Nosotros, apátridas» que se cita y que habla de «vivir en las montañas, intempestivos, en siglos pasados o venideros»[167], con el que Nietzsche está describiendo su manera de vivir, en el que sin embargo también se habla de una «política *pequeña*»[168]. De ahí concluye Baeumler que Nietzsche «describe aquí su propio modo de vida; da a entender por qué no puede vivir en Alemania. Ahí se hace "política pequeña". ¿Pero qué

---

[165] NFP, pp. 170-1. NPP, p. 145. La cita procede de *Más allá del bien y del mal*, § 241. KSA 5, p. 181.

[166] NFP, p. 171. NPP, pp. 145-6.

[167] NFP, p. 169. NPP, p. 144. Véase *La gaya ciencia*, § 377.

[168] NFP, p. 170. NPP, *loc. cit.* Véase KSA 3, p. 630.

hace Nietzsche? Evidentemente, lo contrario: gran política»[169]. Y «la gran política» sería «el santo y seña de los siguientes años de lucha contra el "Reich"»[170]. Esto es dudoso; es difícil imaginar que a Nietzsche se le pueda considerar políticamente posicionado ni siquiera un año. ¿Y realmente del hecho de que Nietzsche denomine *pequeña* a la política que se hace en Alemania se puede concluir que «evidentemente» él quiere hacer «gran política»? Aún más problemático resulta que Baeumler emplee especialmente los últimos escritos de Nietzsche para mostrar que Nietzsche hace gran política. Leemos lo siguiente: «En la primavera de 1888, Nietzsche entabla su última batalla: contra la cultura alemana –es decir, contra Wagner– y contra la política alemana –es decir, contra Bismarck–. Para entender correctamente esta última fase, hay que conocer las cartas en las que Nietzsche se lamenta de la falta de influencia de su vida»[171]. A continuación, Baeumler cita una carta de Nietzsche a su hermana[172]:

> Es duro, francamente una locura, que un hombre que ha nacido para las más ricas y extensas consecuencias y que lo mejor que tiene podría depositarlo y plantarlo en almas escogidas, esté condenado a escribir literatura con sus ojos medio ciegos — *solo para ejercer alguna influencia*[173] [...] Consígueme un pequeño círculo de hombres que quieran escucharme y entenderme — ¡y estaré sano![174]

---

[169] *Loc. cit.*

[170] *Loc. cit.*

[171] NFP, pp. 173-4. NPP, p. 149.

[172] NFP, p. 174.

[173] Esta carta no se encuentra en KSB. Sí hay un borrador de carta a Overbeck, de principios de enero de 1886, donde se dice lo siguiente: «Pero en lo que respecta a toda mi situación, ya no reconozco como amigo a nadie que no comprenda la enorme miseria de esta situación: que un hombre que nació para ejercer la influencia más rica y extensa tenga que pasar sus mejores años en estériles desiertos: que un pensador como yo, que nunca puede depositar lo mejor de sí en los libros, sino solamente en almas seleccionadas, se vea obligado a "hacer literatura" con sus ojos medio ciegos y dolorosos — ¡es todo una locura! ¡tan duro!», KSB 7, n.º 660, p. 136. La cita se encuentra en la carta recogida en *Friedrich Nietzsches Briefe an Mutter und Schwester*, ed. Elisabeth Förster-Nietzsche, vol. 2, Insel, Leipzig, 1909, p. 676. (NFP, p. 174, n. 337).

[174] Esta carta no se recoge en KSA, sí en *Friedrich Nietzsches Briefe an Mutter und Schwester*, ed. Elisabeth Förster-Nietzsche, vol. 2, Insel, Leipzig, 1909, p. 685. (NFP, p. 174, n. 339). — Lo citado se encuentra en NFP, p. 175. NPP, pp. 149-50.

Aquí ya se expresa la sobreexcitación: un sentirse enfermo por falta de éxito. Pero el placer de su quehacer debería elevar a quien trabaja por encima de todo lo demás cuando tiene sus necesidades cubiertas. Sin duda, también ha habido hombres que en las almas receptivas depositaron e implantaron más que Nietzsche y que por eso fueron desterrados o tuvieron que sufrir, o incluso fueron asesinados. Pero «Nietzsche ya no *quiere* seguir oculto. Quiere gobernar sobre Alemania, quiere estar al lado de Bismarck»[175]. Así, le escribe a Gast: «Incluso un miembro del *Reichstag* y partidario de Bismarck (Delbrück)[176], se dice que expresó su profundo disgusto porque yo no vivo en *Berlín*, ¡¡sino en Santa Margherita!!»[177]. ¿Es este todavía Nietzsche? Esto es pequeño y bochornoso, causado por una excitación patológica. Indicios del colapso, Nietzsche está en camino de perderse. Mi aprecio por Nietzsche no tiene ni ojos ni oídos para tales cosas. Sin embargo, Baeumler, espoleado por su actitud política, está obligado a prestar la mayor atención a estas manifestaciones de un creador sobreexcitado para presentarlo como político, para mostrar que Nietzsche quería hacer gran política. «¡aquí, Nietzsche – allí, Bismarck!», dice Baeumler, y cita, a continuación, una carta de Nietzsche a Seydlitz: «Dicho entre nosotros […] no es imposible que yo sea el primer filósofo de esta época, sí, incluso, quizá, un poco más, algo crucial y fatídico entre dos milenios»[178]. Como si esto no fuese bastante, aún escuchamos: «La antítesis espíritu alemán – Reich alemán domina por completo la producción del último Nietzsche. […] Lo que impulsa a Nietzsche es el deseo del competidor, del que lucha por el premio más alto. Abandona el ámbito de la filosofía, sobrepasa todas las líneas: si Bismarck no actúa, lo hará Nietzsche. *Nietzsche se convierte en político*»[179]. ¡No, esta es una falacia! ¡Nietzsche está siendo desleal a sí mismo y a su soledad: ha enfermado! Y también influye un deseo de elevarse que confunde la mente. Más bien, ante esto deberíamos entristecernos. Un asunto intelectual nunca es de tal naturaleza como para tener que conver-

---

[175] NFP, 175. NPP, p. 150.

[176] Dallago omite el nombre del político prusiano, hombre de confianza de Bismarck y miembro de *Reichstag* hasta 1881.

[177] *Loc. cit.*

[178] Estas dos últimas citas, en *loc. cit.* NPP, pp. 150-1.

[179] NFP, p. 177. NPP, p. 153. Dallago no indica, como se hace aquí, que falta una frase en la cita.

tirse en político con el fin de impulsarlo. Por eso es erróneo y lamentable querer atribuir una posición política a la obra de Nietzsche. La política seduce y tienta, y me parece que también ha seducido a Baeumler y lo ha tentado a crear una imagen de Nietzsche que tiene, en esencia, los rasgos del Nietzsche enfermo. Presentar a este Nietzsche como político estaría justificado si la política apareciese realmente como enfermedad del hombre, criatura y propiedad de Dios, la cual hace que el hombre se olvide de su proveniencia y su disposición y se subordine a un poder fantasma, a una obra de poder humana que libra guerras y roba y mata y que, finalmente, lo usa como material humano. Con esta visión también está de acuerdo la frase «la teificación del Estado va de la mano con la bestialización del ser humano»[180]. El filósofo y hombre de espíritu que en esencia queremos encontrar en Nietzsche es imposible que vea y sienta que la pertenencia a un Estado sea la verdadera pertenencia del hombre, con lo que también se niega que el Estado pueda tener la palabra decisiva para los hombres. Si, por lo tanto, el filósofo y hombre de espíritu se convierte en un político declarado, lo que aquí acontece es una disminución de sus poderes mentales, una pérdida interior, un ofuscamiento de su naturaleza humana. La cosa es diferente en el caso de Bismarck, el *Junker* prusiano, quien se siente a sí mismo destinado a ser un estadista y también, como tal, «soldado de Dios»[181]. Bismarck es, sin lugar a duda, creyente. Sin embargo, la educación, la tradición y la influencia de la Iglesia estatal prusiana pudieron haber «iglesificado»[182] su imagen cristina de Dios hasta el punto de poder encontrar compatible con su fe convertirse en líder y sostén de un Estado de la violencia. Desde el punto de vista espiritual, las exigencias que se le imponen desde el principio son menores que en Nietzsche en su calidad de filósofo. Y cuando «escribió a su esposa con motivo de su ingreso en el servicio diplomático (1851): "Soy un soldado de Dios. Debo ir a donde Él me lleve, y *creo* que lleva y moldea mi vida como Él necesita que sea"»[183], esto es propio de la fe en Dios de un soldado y se corresponde con la

---

[180] Dallago parece citar de memoria la frase con la que Theodor Haecker comienza sus «Notizen» (*Der Brenner*, n.º 8, 1923, pp. 9-19) y que dice así: «Con la deificación del Estado va de la mano la bestialización del ser humano».

[181] NFP, p. 67. NPP, p. 18.

[182] Las cursivas son mías.

[183] *Loc. cit.* Dallago omite el año entre paréntesis.

esencia de Bismarck: hay ahí una confianza que tiene que ver con Dios. Cuando ahora oímos que Overbeck, el amigo suizo de Nietzsche, añade que «podríamos ver las raíces de su religiosidad» y continúa: «su religión se asienta sobre el suelo de su conciencia de sí mismo»[184], no podemos estar de acuerdo hasta no haber penetrado en esta conciencia de sí mismo, pues la conciencia de sí mismo que se deriva del mero sí-mismo es caduca, es engaño y ruina. Solo cuando el sí-mismo queda sometido, despierta y se hace efectiva la verdadera conciencia de sí mismo, a la que la fe en Dios otorga la base más sólida. De esta conciencia de sí mismo de Bismarck, Baeumler opina lo siguiente: «Esta es la conciencia de sí mismo propia de las naturalezas heroicas que forma una unidad con la conciencia del destino»[185]. Probablemente, esto no sea acertado y es completamente insostenible la frase: «De la misma conciencia de sí mismo brota el *Ecce homo* de Nietzsche»[186].

Ecce homo está cargado de una emoción tan agitadora y agotadora que no permite a su autor estar en paz consigo mismo. Hay por doquier un brillo parpadeante en el que se percibe una peligrosa sobreexcitación. ¿Cómo se puede contar este escrito entre los que la antítesis «espíritu alemán – Reich alemán domina por completo» la producción de Nietzsche? Pero en esta obra, en la sección «Por qué soy tan sabio», también encontramos: «Todo mi *Zaratustra* es un ditirambo a la soledad»[187]. ¿Cómo se puede hacer, entonces, que el *Zaratustra* también hable en favor de un Nietzsche político? ¿Cómo se puede afirmar en serio que el último Nietzsche se convirtió en político y refrendar la afirmación de que realmente el lugar de Nietzsche estaba en Berlín y en el gobierno del Reich? Baeumler también percibe el nerviosismo y la crispación tanto en el tempo como en la expresión de la última producción de Nietzsche, que llega al extremo en sus ataques a los alemanes y al Reich, pero lo explica así: «Nietzsche no quiere que suceda lo que dice. Sobre Alemania dice lo peor que se puede decir — *¡para que lo escuchen!*»[188]. Así, también leemos que Nietzsche «A los judíos, en quienes veía la auténtica naturaleza sacerdotal, se oponía profundamente […] Pero de la misma manera que enfrentó la cultura francesa a la alemana, también

---

[184] NFP, *loc. cit.* NPP, pp. 18-9.
[185] NFP, *loc. cit.* NPP, p. 19.
[186] *Loc. cit.*
[187] *Ecce homo*, «Por qué soy tan sabio», § 8, KSA 6, p. 276.
[188] NFP, pp. 180-1. NPP, p. 157.

opuso los judíos a los alemanes»[189]. «Sabemos», sigue explicando Baeumler, «que todo eso no son los auténticos pensamientos de Nietzsche sobre los alemanes, tampoco son tan solo exageraciones en el fragor de la lucha. Todo se ha dicho por un motivo. ¿Pero qué piensa realmente Nietzsche de los alemanes? […] Oímos su verdadera voz cuando leemos su testamento a los alemanes en *La voluntad de poder* (§ 108)»[190]. Este supuesto testamento dice lo siguiente:

> Los alemanes aún no *son* nada, pero *serán* algo; por lo tanto, aún no tienen una cultura, — por lo tanto, ¡aún pueden tener una cultura! […] Aún no son nada: eso significa: son de todo tipo. *Serán* algo: eso significa que dejarán de ser de todo tipo. Esto último es, en el fondo, solo un deseo, […] un deseo del que se puede vivir, una cuestión de voluntad, trabajo, disciplina, cría, tanto como una cuestión de renuencia, deseo, privación, malestar, incluso exasperación: en resumen, los alemanes *queremos* de nosotros algo que no ha querido nadie antes que nosotros — ¡queremos algo *más*![191]

Este supuesto testamento vuelve a enfatizar lo mismo. Digno de tener en cuenta es que estas palabras de Nietzsche pertenecen a los primeros apuntes para *La voluntad de poder* y los más violentos ataques contra Alemania y los alemanes proceden de la última época productiva de Nietzsche. Pero si esas primeras palabras se quieren ver arbitrariamente como el testamento de Nietzsche, las posteriores declaraciones contrarias han de considerarse como una revocación de ese testamento. En cualquier caso, de todo esto se desprende que para el autor de este libro sobre Nietzsche lo determinante es la política actual. Baeumler no escatima esfuerzos y energía para identificar a Nietzsche como estímulo y precursor de una política nacionalista de gran envergadura. Pero para mí este comienzo es erróneo y, según mi opinión, un pecado contra Nietzsche. Es un error querer tomar del Nietzsche destruido de la última época lo que supuestamente lo mostraría «como gran político». La valoración de *Ecce homo* caracteriza el error de Baeumler. Así, leemos: «*Ecce homo* no es realmente una autobiografía: es un escrito de lucha bajo la forma de un autorretrato. Justo en eso radica

---

[189] NFP, p. 181. NPP, p. 158.
[190] NFP, p. 182. Dallago omite el número del fragmento.
[191] NFP, *loc. cit.* NPP, pp. 159-60. La cita procede de NF junio-julio de 1885, 36 [53], KSA 11, p. 572.

lo demoníaco: la descripción de la propia vida se convierte en un ataque contra el mundo entero»[192]. Exceptuando la presencia de lo demoníaco, esta frase encaja mucho mejor –en realidad, *únicamente*– con los Evangelios sinópticos, en los que la descripción de una vida –la vida terrenal de Cristo– en verdad se convierte en un ataque a todo este mundo. La sobrevaloración de Nietzsche por parte de Baeumler surge de una tendencia política, y esto tampoco es aceptable.

Leemos lo siguiente: «Nietzsche tiene que hacer dos objeciones que se relacionan con todo. Bismarck no es cristiano pero dirige un Estado "cristiano", y Bismarck entrega a Alemania al movimiento democrático»[193]. Dejemos a un lado la última objeción; aunque sea válida para Bismarck, no lo es para su voluntad. Pero lo primero es un juicio muy apresurado, pues que Bismarck no es cristiano, el observador externo podría deducirlo, en el mejor de los casos, del hecho de que dirige un Estado de la fuerza que no puede ser cristiano. Aquí el nombre no significa nada. Sin duda, a Bismarck se le puede considerar mucho más como cristiano que a un Estado de la violencia. El hecho de que las Iglesias estatales tengan el liderazgo oficial también en el cristianismo confunde a todo el cristianismo. El ejemplo de la Iglesia oficial, con la romana a la cabeza, penetra en la fe cristiana en Dios y así se olvida que el cristianismo es transformación. De esta manera, Nietzsche pudo haber usado también para Bismarck la frase: «Los hombres realmente activos de hoy carecen interiormente de cristianismo»[194]. Con esto no se dice nada sobre la fe de Bismarck, y lo que sabemos a través del propio Bismarck sugiere que era inherente a él. Pero puede ser que se encontrase en situaciones en las que creyó actuar con la mayor fe posible al elegir el menor de dos males. Así, quizá decidió convertirse en canciller para no dejar este puesto de tanta responsabilidad a otro en quien faltase por completo carácter y temor de Dios; por lo tanto, porque creía poder gobernar mejor que los demás. Sin embargo, desde el punto de vista cristiano, probablemente es siempre un engaño y un autoengaño cuando uno ve como el más pequeño el mal elegido. Pero a partir de la naturaleza y el carácter de Bismarck, se ha de pensar que si se hubiese ocupado tanto

---

[192] NFP, p. 180. NPP, p. 156.
[193] NFP, p. 185. NPP, p. 162.
[194] NFP, *loc. cit.* NPP, p. 163. La cita procede de Aurora, § 92, KSA 3, p. 85.

como Nietzsche de cosas espirituales y eternas y le hubiese salido del corazón escribir la frase: «*¡Pues yo te amo, oh, eternidad!*»[195], jamás se habría convertido en estadista. Entonces, ¿cómo puede y se ha de creer que la grandeza de quien ha vivido y escrito esta frase se pone en su justo lugar solo cuando se destaca como lo esencial que quiere hacer «gran política» y «gobernar», que «*se convierte en político*»? Es el fracaso de Nietzsche ante el cristianismo lo que desencadena en él la más peligrosa soberbia que literalmente lo obliga a asumir algo que lo rebaja: convertirse en político. Y Baeumler está igualmente infectado por el fracaso de Nietzsche ante el cristianismo. Así, dice en su libro sobre la filosofía de Nietzsche: «Es la filosofía de un hombre que o se toma en serio el cristianismo –pero entonces ya no puede ser un europeo de hoy en día– o debe poner nuevos valores en lugar de los cristianos. El tiempo del cristianismo ha pasado»[196]. A lo que añade una cita de Nietzsche: «El cristianismo es posible como la forma de vida *más privada*; presupone una sociedad retirada, totalmente apolítica, — pertenece al conventículo»[197]. ¡Qué fracaso ante el cristianismo por parte tanto de Nietzsche como de Baeumler! ¡Como si a un cristiano le importase ser un europeo de hoy en día! ¡Y esa alternativa para una filosofía: o tomarse en serio el cristianismo o poner nuevos valores en lugar de los cristianos! Lo que primero habría que preguntarse es por qué no se toma en serio el cristianismo. Y entonces habría que reconocer esto: porque se ha fracasado ante él. ¿Y realmente se han puesto nuevos valores en lugar de los cristianos? ¿Y no parece la mejor prueba de un completo fracaso cuando se dice que «El tiempo del cristianismo ha pasado»? Lo que dice Nietzsche no es mucho mejor. No se puede llamar «privado» a lo personal y a lo religioso, por lo tanto, tampoco a lo cristiano, que siempre es lo más personal y que no presupone ninguna sociedad, sino al hombre como persona, como un mantenerse por sí mismo de antemano y que, por lo tanto, no pertenece al conventículo, sino al ser humano cuanto, como criatura de Dios, más consciente se hace del Creador. Aquí, como en todas partes cuando se habla sobre el cristianismo desde un posicionamiento

---

[195] La cita, que también la reproduce Baeumler (véase NFP, p. 119; NPP, p. 82), procede de *Así habló Zaratustra* III (KSA 4, pp. 287-91).

[196] NFP, p. 183. NPP, p. 161.

[197] NFP, pp. 183-4. NPP, *loc. cit.* La cita, más extensa (como recoge Baeumler), procede de NF otoño de 1887,10 [135], KSA 12, p. 532.

político, intervienen los errores, ofuscamientos, desenfoques, confusiones y patinazos más insidiosos que recientemente han hecho que se imponga lo funesto. Sí, a menudo parece como si este deseo de limpieza hiciese con ese tipo de acusaciones difamatorias más daño que tirar al niño junto con el agua de la bañera porque aquí se pierde al niño pero se conserva el agua sucia. Si hubiese una actitud crítica libre de política y al mismo tiempo fuese verdaderamente cristiana, una mirada a la época debería mostrar algo diferente, quizá que el tiempo en el mundo de la Iglesia ha expirado para el cristianismo, que la dirección del cristianismo ha pasado a otras manos, que se ha colmado la medida de la culpa que la Iglesia ha adquirido a través de la política mundana, que la Iglesia –que ha sucumbido a la mundanidad y con esta a la traición a Cristo– ha llegado a su fin con la expiración de su tiempo en el mundo. La política, como la soberbia, hace que uno se vuelva ciego, limitado y caduco. Ningún mortal estará jamás junto al «lecho de muerte del cristianismo»[198] –otra prueba del fracaso de Nietzsche–, pero sí junto al lecho de muerte de la Iglesia oficial. Y me atrevo a afirmar que solo el verdadero cristiano es lo bastante profundo para poder sentir que Roma es «*el más indecente lugar de la tierra*»[199]. Pero también me demuestra que Nietzsche era, en el fondo, religioso, aunque también que debido a su exaltación de sí mismo, a su soberbia, fue golpeado por la ceguera y, así, terminó cayendo. La frase del capítulo final de *Ecce homo*, «Solo a partir de mí existe la *gran política*»[200], muestra a Nietzsche en toda su perdición. Baeumler, con una pasión política que ciega, lo ve, de hecho, de otra manera; dice por ahora, pero se retractará: «El combate ha terminado. Nietzsche es el vencedor»[201].

———

La política endurece el corazón y estrecha la mente: así tiene que ser, pues siempre debe tener presente el bien común y no puede tener escrú-

[198] NFP, p. 185. NPP, p. 162. Véase *Aurora*, § 92, KSA 3, p. 85.
[199] NFP, p. 186. NPP, p. 164. La cita procede de *Ecce homo*, «Así habló Zaratustra», § 4. KSA 6, p. 340. La cursiva es de Dallago.
[200] NFP, p. 193. NPP, p. 173. La cita procede de *Ecce homo*, «Por qué soy un destino», § 1. KSA 6, p. 366.
[201] *Loc. cit.*

pulos a la hora de elegir los medios. Cuando un poeta y pensador ha sido derrotado por la política, su obra y su pensamiento quedan destrozados. Esto se demuestra también en Nietzsche. Pero esos pasajes se encuentran, en su mayoría, solo en su obra tardía, en la que, en efecto, ya se percibe un quebrantamiento del espíritu. De ahí que la verdadera imagen de Nietzsche no sea la que nos ofrece el profesor Baeumler y haríamos mejor si nos esforzásemos por preservar a Nietzsche como poeta y pensador y no como político. Lo más hermoso y profundo de su escritura está tan lejos de la política como un imponente paisaje montañoso de una humeante ciudad, y en él percibimos también el aliento de la creación, en el que mora lo eterno y no la caducidad de la palabrería política, el aire viciado de todas las intrigas, las mezquindades y la violencia que produce la lucha por el poder en el Estado. En las mejores obras de Nietzsche se establece una relación con Dios, aunque solo sea una relación surgida de la discordia. Pero de la discordia con Dios, si no se resuelve, el hombre siempre sale destrozado, como en el caso de Nietzsche. El «Lamento de Ariadna» da testimonio de esa discordia. Ariadna es, sin duda, Nietzsche; ante Dios, el hombre [*Mensch*] se hace femenino: solo puede estar dispuesto, entregado y receptivo. Lo mismo sucedió también con el anciano Goethe, cuyo *Fausto* termina con estas palabras: «*¡Lo eterno-femenino nos eleva a lo alto!*», que han de interpretarse en este sentido. (Sobre esto he hablado también al final de mi ensayo *Iglesia y cristianismo*).

Aunque parece que Nietzsche no llegó a una conciliación con Dios, hay que señalar que no soportó la negación de Dios, la afirmación de que Dios ha muerto. Esto vuelve a demostrar su religiosidad. La afirmación de que Dios ha muerto socavó y perturbó la vida de Nietzsche; así se le reveló la gran realidad: que *Dios existe*. Lo que luego le sucedió nos permite percibir, a los que lo vemos desde fuera, solo que se había exaltado tanto espiritualmente con su arrogancia humana que su espíritu quedó paralizado. Quizá esto le fue infligido como una expiación; no podemos juzgarlo con seguridad. En cualquier caso, hay que oponerse a quienes, en un histérico ataque de su cristianismo teórico, desean condenarlo: a él, quien sentía tal repugnancia ante el inmenso engaño y toda la mendacidad de este mundo que a sí mismo se llama cristiano, con el que la Iglesia política era desvergonzadamente cómplice, que surgió en su interior el impulso de una transvaloración que llevó a la realidad. Esa fue su perdición, pues sus pensamientos y acciones se volvieron contra el cristianismo que desconocía y cuyos valores no son válidos en este supuesto mundo cristiano. Así, la confusión se apoderó de él y su transvaloración se convirtió cada vez más en una desvalorización de lo verdadero, para lo que era demasiado profundo y veraz para soportarlo. Aunque no podamos percibirlo, consideramos, por lo tanto, que la pérdida espiritual a la que sucumbió Nietzsche incluyó también el proceso que lo llevó de nuevo al restablecimiento ante un juez superior, de manera que para su viaje al más allá podría valer lo que escribió sobre sí mismo en esta vida en una luminosa hora de soledad:

> Plateada, ligera, como un pez,
> navega ahora mi barca...[202]

---

[202] *Ditirambos de Dionisio*, «El sol se pone», § 3, KSA 6, p. 397.

Epílogo

El autor del libro sobre Nietzsche termina con un epílogo en el que aparece abiertamente como un político actual. Aunque sigue intentando implicar a Nietzsche en su argumentación, tiene cada vez menos éxito. Así, se ve obligado a decir, con toda honestidad: «En su mundo, el individuo parece tener siempre razón frente a la raza, el pueblo y el Estado»[203]. Y: «Nada parece más difícil que encontrar en el mundo de Nietzsche el paso de lo individual a lo colectivo»[204]. Esto hay que entenderlo como una especie de resultado final de la obra de Nietzsche y se podría pensar que ahí habría que dejarlo. Pero esa no es la opinión del profesor Baeumler, quien se mantiene firme en su decisión de mostrar a Nietzsche esencialmente como político y afirmador del Estado. Dice Baeumler: «El único, el individuo es solo un error»[205], y para apoyar esto cita las frases de Nietzsche: «Somos más que el individuo: somos toda la cadena todavía con las tareas de todos los futuros de la cadena»[206]. «El aislamiento del individuo no puede engañarnos — en realidad, algo fluye *bajo* el individuo»[207]. Estas son, sin duda, afirmaciones de importancia para la constitución del individuo, pero no afirman que este sea un error. Baeumler añade: «Quien piensa siguiendo la guía del cuerpo no puede ser individualista, como tampoco puede ser individualista quien piensa históricamente»[208]. A esto hay que decir que estos dos tipos de pensamiento no son obligatorios para el filósofo, e incluso es arbitrario decir: «Pero el realista sabe muy bien que no existe una "especie

---

[203] NFP, p. 198. NPP, p. 178.

[204] *Loc. cit.*

[205] NFP, *loc. cit.* NPP, p. 179.

[206] NFP, pp. 198-9. NPP, *loc. cit.* La cita procede de NF otoño de 1887, 9 [7], KSA 12, p. 342.

[207] NFP, p. 199. NPP, *loc. cit.* La cita procede de NF otoño de 1887, 9 [7], KSA 12, p. 342.

[208] *Loc. cit.*

humana" como unidad histórica. El colectivo del que procede el hombre individual no es la humanidad, sino siempre una unidad concreta, una raza, un pueblo, una clase»[209]. Todo esto depende del observador. Cuando uno va más allá de la raza, la humanidad es una unidad tan concreta de la que se origina el hombre como la raza, el pueblo y la clase social. La delimitación es arbitraria y completamente política y está al servicio de la idea de Estado que domina en todo el epílogo. Pero contra la idea del Estado como palabrería habla lo que el realista sabe de sobra: que existe una unidad concreta que no puede verse como arbitraria y que tiene base y fundamento, y que esa unidad *es el ser humano*, del cual se origina la humanidad. Ya sabemos lo lejos que Nietzsche se encontraba del Estado. Baeumler también lo sabe: «De la obra de Nietzsche no se extrae una doctrina del Estado», y cita: «¡Tan poco Estado como sea posible!»[210]. Pero «este grito de asco», dice Baeumler, «sirve para la forma decadente, cristiano-romana, del Estado, no para la forma de vida política»[211], y lo ratifica así: «¿Cómo podría el filósofo que concibe al cuerpo como "estructura de dominio" no ser un maestro del Estado?»[212]. Y a continuación se cita de los escritos póstumos un «fragmentos sobre el Estado:

> No los puntos de vista de la inteligencia, sino que lo poderoso en el *surgimiento del Estado* fueron los *impulsos del heroísmo*: la creencia en que hay algo más alto que la soberanía del individuo [...] Ahí tiene lugar la pleitesía ante un superior espiritual y un victorioso: la fascinación de encontrar en persona su modelo: de ahí surgen los votos de lealtad.[213]

Pero en estas palabras de Nietzsche no se habla del «cuerpo como estructura de dominio», y precisamente la aceptación de la idea del Estado puede llevar a que «la soberanía de un individuo» sea vista como lo más alto. La política obliga a Baeumler a decir: «El Estado como fenómeno heroico,

---

[209] *Loc. cit.*

[210] Véase *Humano, demasiado humano* I, § 473, KSA 3, p. 308. Nietzsche no emplea signos de admiración y pone la frase en cursiva. Esta cita y la anterior, en NFP, p. 199. NPP, p. 180.

[211] Las tres últimas citas, en *loc. cit.*

[212] *Loc. cit.*

[213] NFP, p. 200. NPP, *loc. cit.* La cita procede de NF primavera-verano de 1883, 7 [55], KSA 10, p. 260.

como estructura de poder, como corriente de todo lo grande, como medio y expresión de la lucha por el más alto poder que nunca es meramente físico o económico: esta es una idea germánica del Estado. Es la que vive en Nietzsche […] Es también la que vive en los himnos de Hölderlin»[214]. Sin embargo, yo creo que esto es más bien la deseada imagen baeumleriana del Estado germánico y me opongo a la idea de que precisamente en lo que hace que Nietzsche y Hölderlin estén íntimamente relacionados –y que es un elemento lírico que tiene mucho más que ver con lo eterno que con lo temporal y lo más caduco–, el Estado, se supone que vive esencialmente una idea del Estado. Probablemente, si hoy Hölderlin viese la lucha política por el poder en el Estado y todavía más la obligación de participar, volvería a caer en la locura y se le rompería el corazón. Pero también es arbitrario decir que en las expediciones de los emperadores alemanes «vive el espíritu del Estado del que es capaz el pueblo germano»[215]. Pero antes ya le habíamos oído decir a Andreas Heusler que la «lucha de héroes de la migración de pueblos» no fue una lucha por la «patria y la libertad» y con total seguridad mucho menos por el Estado, sino de imponerse y mantener su el honor de guerrero con coraje y a pesar de la muerte[216]. «Hay Estado», dice Baeumler, «donde hay grandeza, donde un líder audaz manda sobre hombres combativos y persigue metas ambiciosas»[217]. Esto sigue siendo un deseo piadoso, pues donde hay grandeza, en un principio el obedecer es más grande que el mandar y el camino es lo importante y la meta no está fijada y el Estado se ha empequeñecido hasta el punto de desaparecer. Pero aún escuchamos más propaganda a favor del Estado: «En la época de juventud de los pueblos europeos, la idea heroica del Estado germánico causó una enorme impresión; los reyes vecinos se sometieron voluntariamente a los emperadores de las familias sajona, faliana y suaba»[218]. Y se lamenta de que «ni siquiera en Alemania se ha conservado un recuerdo de la época heroica» y se dice que «Nietzsche vuelve a despertar en nosotros ese recuerdo»[219]. Esto puede ser así si así se quiere ver, pero se desvanece

[214] NFP, *loc. cit.* NPP, p. 181.
[215] *Loc. cit.*
[216] NFP, p. 130. NPP, p. 94.
[217] NFP, p. 200. Véase ahí la nota 440. NPP, p. 181.
[218] NFP, pp. 200-1. NPP, *loc. cit.*
[219] Las dos últimas citas en NFP, p. 201. NPP, *loc. cit.*

en la obra completa de Nietzsche y probablemente es la política actual de Baeumler lo que precisa de ese énfasis. Pero también dice: «¿Qué sería Europa sin *el norte germánico, qué sería Europa sin Alemania? Una colonia romana*»[220]. ¡Yo creo que no! Aunque la Providencia haya ayudado a los germanos y a sus supuestos descendientes a destruir el poder de Roma, de ahí no se puede concluir que sin germanos y alemanes el poder de Roma se habría mantenido incólume. Como todo poder que se basa simplemente en la violencia, el poder de Roma lleva en sí mismo su ruina, y cuando para un poder semejante llega el momento en que está maduro para su caída, la Providencia siempre encontrará a alguien o algo que la precipite. Esta caída también es lo que le espera al falso poder de la Iglesia romana, pero no al cristianismo, que deja de ser cristianismo cuando se basa en la violencia y que precisamente por eso no puede ser tomada y atacada por el simple poder humano y por la violencia. Si bien no le falta razón a la indignación ante la «combinación de Evangelio y negocio»[221], la política sigue siendo un negocio aunque sin esa relación y, por eso, nunca puede ser tarea del cristianismo, dando así el mejor ejemplo para la humanización del hombre. Antes de negar y rechazar el cristianismo tan radicalmente para hacer gran política, habría que ver desde el punto de vista del derecho si con la humanización del hombre no se lograría estar tan bien constituidos que verdaderamente hiciese innecesarios al Estado y toda política. Sobre esto habría que pensar especialmente en un texto sobre Nietzsche, pues en sus escritos se habla con profusión del estar «bien constituido»[222]. Pero quien sigue el camino de la política, solo tiene ojos y oídos para las metas políticas. Escuchemos cómo termina este libro sobre Nietzsche:

> Alemania solo puede existir en la historia del mundo bajo la forma de la grandeza. Solo tiene la elección entre ser el poder antirromano de Europa o no ser en absoluto. [...] El Estado alemán del futuro no será una continuación de la creación de Bismarck, sino que se creará a partir del espíritu de Nietzsche y del espíritu de la Gran Guerra[223].

---

[220] NFP, *loc. cit.* NPP, p. 182.

[221] *Loc. cit.*

[222] En efecto, Nietzsche menciona la «Wohlgeratenheit» en *Genealogía de la moral, El caso Wagner, El Anticristo* y *Ecce homo*, además de en los fragmentos póstumos.

[223] NFP, p. 202. NPP, p. 183.

Esta visión es tan perecedera como todo lo que hace la política, pues está sujeta a la caducidad. La política enturbia el pensamiento y la pasión política confunde la conciencia del hombre, que en su naturaleza originaria ejerce una influencia formadora sobre el pueblo y el Estado y, a su vez, tiene que defenderse para evitar ser influenciada por el Estado y el pueblo (como multitud), pues la solidez de un pueblo depende de la firmeza de los individuos. Y sigue siendo válido que *más que el Estado es el pueblo y más que el pueblo es el hombre.* Lo que a este lo constituye bien, también conforma la buena constitución de un pueblo y la idoneidad de un Estado, en la medida en que la buena constitución de un pueblo lo requiera. Pero el Estado como tal nunca puede formar la buena constitución del hombre o del pueblo, es algo cualitativamente diferente y es incomparablemente menos que el hombre y el pueblo y, en el mejor caso, el pueblo como el individuo solo pueden vivir en lugares bien ventilados y ordenados. Pero cuando hoy miramos los numerosos Estados en los que gobiernan la estrechez, la mentira, el engaño, la hipocresía, la fanfarronería, la megalomanía, la falta de escrúpulos, el expolio e incluso la maldad, tenemos que considerar como las más acertadas aquellas palabras de Nietzsche-Zaratustra sobre el Estado: «El Estado es el más frío de todos los monstruos fríos»[224], y «Allí donde termina el Estado, comienza el hombre que no es superfluo»[225].

Examinemos estas palabras: provienen verdaderamente del espíritu, no del no-espíritu, del espíritu destructivo, al que el propio Nietzsche estuvo expuesto en ocasiones. Excluyen la idea de que «el Estado del futuro», ni siquiera el alemán, «se creará a partir del *espíritu*[226] de Nietzsche», porque el espíritu en Nietzsche niega esencialmente el Estado, y con él también la Gran Guerra», que precisamente ha conjurado la maldad de la dirección estatal. La guerra, y más aún la Gran Guerra, siempre la crea la violencia del no-espíritu humano, nunca el espíritu y, por lo tanto, parece erróneo hablar del espíritu de la guerra y verlo en una comunidad creativa con el espíritu de Nietzsche. Lo espiritual no es nacionalista, por lo tanto,

---

[224] *Así habló Zaratustra* I, «Del nuevo ídolo». KSA 4, p. 61. Baeumler también reproduce estas palabras en NFP, p. 127. NPP, p. 91.

[225] *Ibid.*, p. 63.

[226] Cursiva de Dallago.

tampoco alemán como un barniz político; su elemento verdaderamente nacional tiene que ver con la proveniencia del hombre en lo eterno y, así, también da a los alemanes la sólida y humana base de la que depende la fuerza vital y la longevidad de un pueblo, también como nación. Esta base se opone a pensar y decir que un pueblo o un imperio «solo puede existir en la historia del mundo bajo la forma de la grandeza» porque a una naturaleza semejante no le corresponde la grandeza, sino la pequeñez, y lo verdaderamente grande y firme no requiere ni de la historia ni de la forma de la grandeza. Lo antirromano de importancia tampoco es político, lo que se deduce del hecho de que lo romano, que encuentra su más fuerte expresión en la idea del *Imperium*, es altamente político. Su contrario debería ser, por lo tanto, lo más fuertemente apolítico, por consiguiente, lo antipolítico. También lo vemos en el encuentro del poder imperialista de Roma con el cristianismo. Ahí, el *Imperium* romano se muestra como la más alta forma del poder del Estado; y ante él, como individuo, el cristiano, con su sujeción externa, su vencedor. Lo antirromano se convierte en lo antiestatal hasta la completa abolición del Estado en la vida del cristiano, quien expresa *par excellence* lo antirromano. Esto también arroja luz sobre la Iglesia, que ha asumido la realización de la idea romana del *Imperium* convirtiéndose, así, en estatal y anticristiana. Lo entrelaza todo y muestra y descubre las raíces del mal que hoy azota nuestra época. Vemos al cristianismo con su luz, que no es de este mundo, y a su supuestamente autorizada defensora sobrecargada de actividad política, a la que subyace la más grosera mundanidad. Aquí Roma y, en frente, verdaderamente antirromano y antiestatal hasta la abolición de Roma y el Estado, el cristiano, quien, como dice Nietzsche, es «el judío una vez más»[227], evidentemente no el judío ordinario [*Allerweltsjude*], que ha renegado de Dios y ha caído en el mammonismo, sino el judío para quien el teísmo era la vida, quien es, por lo tanto, aún más que el judío *sin Estado*,[228] encuentra su lugar en la existencia en este mundo y con esto

---

[227] NFP, p. 181. NPP, p. 159. La cita procede de *El Anticristo*, § 44, KSA 6, p. 219.

[228] En la esquina superior izquierda se lee, escrito a bolígrafo: «quizá cambiar a: …, quien, sin embargo, aún más que el judío…». En la esquina superior derecha se lee, también escrito a bolígrafo: «es decir, "el judío que aún se aferra a la espera del Mesías" (Begr. d. Absol., p. 93)». Entre paréntesis, el libro al que se remite al lector: Carl DALLAGO, *Der Begriff des Absoluten*, ed. Ernst Knapp y Hans Haller, Innsbruck, 1964.

encuentra también justicia, pues con Cristo como modelo le son dados «*el camino, la verdad y la vida*»[229]. Si en lugar de «el alemán» ponemos *el hombre* y dejamos de lado a Europa como un callejón sin salida, entonces la frase de Baeumler se convierte en una tesis eminentemente cristiana en la confusión de nuestra época y escuchamos esto: el hombre solo tiene una elección, o ser un poder antirromano (lo que aquí significa antiestatal y antipolítico) o no ser en absoluto, pues el hombre realiza su verdadero ser, su realidad como ser a través de la toma de conciencia de su pertenencia a Dios, que lo incluye en el poder que tiene poder sobre todo poder humano, y no a través de su participación como sujeto del Estado, que lo entrega a la política y con ella a la peor caducidad y lo priva de participar en el verdadero ser. El judío vive y fue elegido y con él su pueblo porque como hombre no ha olvidado su proveniencia en lo eterno. El alemán vivirá y con él su pueblo si como hombre es capaz de recordar a tiempo su proveniencia en lo eterno, cuando aún no era alemán, y obrar en consecuencia. El nacionalismo estrecha la esfera de crecimiento del hombre y a la raíz de su procedencia le roba la fuerza vital: así entierra también la base de su pueblo en lugar de darle solidez y duración. No se trata de querer posicionarse a favor de la prosperidad de un pueblo para, así, desatender la prosperidad del hombre, y mucho menos sirve ponerse del lado del Estado para hacer que un pueblo sea libre, fuerte y longevo, pues digámoslo de nuevo y más alto: *más que el Estado es el pueblo y más que el pueblo es el hombre*. Por lo tanto, es el hombre, es su naturaleza la que determina la prosperidad del pueblo, el cual, como multitud, siempre está sujeto a la desintegración a menos que la naturaleza del hombre lo mantenga unido. Por lo tanto, la libertad, la fuerza y la duración de un pueblo dependen de que este, como multitud unida, se subordine a aquello que le otorga al hombre como individuo una base duradera y firme, y no al Estado, que expone la posición del hombre a la caducidad y del cual recibe apoyo solo quien ha perdido todo apoyo en sí mismo.

También es comprensible que sea así, pues en comparación con lo que desde siempre ordena, en la política encuentran la arbitrariedad y prepotencia humanas su más grosera y desmedida expresión. El hombre se corrompe como hombre, y la arrogancia humana, que ha perdido por completo su

---

[229] Jn 14:6.

pertenencia a Dios, degrada al prójimo a material humano para erigir un fantasma de naturaleza monstruosa que se llama Estado. La violencia y la falta de escrúpulos están en su apogeo y maquinan un orden que somete al hombre y que da rienda suelta al afán de poder y de dominio. Por eso, ese tipo de orden siempre se basa en la violencia y debe mantenerse por medio de la violencia. Así, el Estado y la humanidad están, en el fondo, en constante enemistad porque uno se hace a costa del otro y se diferencian totalmente en función de su origen. Por un lado, lo que ha llegado a ser con la creación y que para su prosperidad lleva en sí mismo lo que desde siempre ordena; por otro lado, lo hecho por la prepotencia de los hombres y que instaura un orden arbitrario frente a lo que desde siempre ordena. Esto revela el conflicto irresoluble entre ambos, pero al mismo tiempo también la caducidad de un orden del poder humano que intenta oponerse a lo que ordena en la creación de Dios.

*

Con esta reflexión sobre el Estado termina este escrito, *En la lucha por Nietzsche*: por Nietzsche, el poeta y pensador que en sus mejores momentos estaba vuelto hacia lo eterno y debido a su sentido de la realidad se opuso al orden de este mundo. Pero solo con el rechazo del orden y los valores de este mundo se llega a ser consciente de lo que ordena desde siempre y hace saber que la verdadera realidad tiene que estar relacionada con esto que ordena. ¡Cómo desaparece, entonces, toda la política, especialmente la gran política! Se convierte cada vez más en grotesca, si no en mueca, cuanto más grande cree ser. Pero el hombre se expone a la pequeñez y a la caducidad cuanto más se involucra en política, cuando se compromete con ella y la tiene por algo grande y cree poder lograr grandes cosas: cuando funda Estados y promulga leyes y libra guerras y asesina en masa e introduce en la existencia terrenal todo tipo de actos de violencia y así revive continuamente este malvado mundo, con lo que este mundo también se revela como lo que es: como el fruto de la Caída, como el adversario de la creación, como una consecuencia de la existencia terrenal del hombre.

Pero aquí se muestra la autoafirmación del hombre frente a este mundo como lo que se necesita a continuación: la autoafirmación como el camino de regreso a la pertenencia a Dios y, con ella, a lo que desde siempre ordena en sí y confiere a la existencia terrenal la base más firme. ¿Y quién podría conseguir esto mejor que el cristiano, que tiene como guía y modelo al Hijo del Hombre, quien ha vivido de manera tan perfecta su pertenencia a Dios y con ella la humanización del hombre como para poder legitimarse así: «Antes de que Abraham existiera, Yo Soy»[230]? ¿Hay algo en la tierra que hable más en contra de la política, el Estado y Roma que este ejemplo de la humanización del hombre?

Arzl, verano de 1931

_

Debido a que no se puede encontrar el manuscrito original, esta copia (octubre de 1983) se ha realizado a partir del texto a máquina (78 páginas) que Carl Dallago había corregido a mano. Las correcciones que yo he introducido se limitan a los restantes errores ortográficos o de redacción, pequeños e insignificantes cambios que, con seguridad, Dallago en todos los casos habría dado por buenos.

Hans Haller[231]

A la señora Eva Dallago se le ha enviado una copia de este documento.

---

[230] Jn 8: 58. Traducción tomada de la *Biblia de Jerusalén*, ed. cit., NT, p. 138.

[231] Hans HALLER (1911-1993) conoció a Dallago en 1933 a través de Enoch, uno de los hijos de Dallago. Ese mismo año comenzó un trabajo sobre Dallago, con el que en 1935 se doctoró en Filosofía y que se publicó en 1938 (*Der südtirolische Denker Carl Dallago. Die Mystik seines Schrifttums*, Winkler, Innsbruck). Véase Anton UNTERKIRCHER, *Ich hab gar nichts erreicht*, ed. cit., pp. 304-5, p. 400, n. 58.

El gran ignorante
El libro de un ser humano esencial
Dr. Alfred Baeumler[232]

Suena como una novela y además lo es. En el Tirol del Sur vive un hombre que tiene casa, finca y campo. Durante años recorre los más arduos caminos para obtener el sustento más básico para una familia, en la que él vive como un extraño. Pero por el camino, en aquellos momentos en los que puede descansar, escribe observaciones y pensamientos que surgen en su alma como blancas nubes en los claros días del estío. Así, con el paso de los años, va añadiendo hoja tras hoja. Un editor de Innsbruck ya ha publicado algunas cosas en su revista *Der Brenner*. Este hombre peculiar finalmente reúne un buen puñado de estos apuntes y arma un imponente libro que ahora saca al mercado. Esto suena a como si alguien quisiera «sacar al mercado» el aire del bosque... Pero, como fuere, ahí está el libro y cualquiera puede comprarlo. Se titula *El gran ignorante* (Brenner-Verlag, Innsbruck, 1924). El autor se llama Carl Dallago y vive en Nago (Tirol del Sur).

En todas y cada una de las páginas de este libro se percibe que su unidad no es algo que se haya hecho, sino algo que ha ido creciendo. Lo primero que lo atestigua es el lenguaje: uno se queda asombrado ante todo lo que aquí se dice con las palabras más sencillas y cotidianas, sin terminología filosófica. Aquí habla un *ser humano*. El encanto de este libro radica en la sinceridad del hombre que lo ha escrito. Cuando terminas el libro y lo dejas a un lado, sientes como si hubieses pasado el día en un prado de montaña, en las alturas, y hubieses estado contemplando el cielo azul. Ahora te han quitado algo, y sientes ganas de empezar de nuevo. Probablemente, esto es lo mejor que se puede decir de un libro...

---

[232] «Der große Unwissende. Das Buch eines wesntlichen Menschen», en *Münchner Neueste Nachrichten*, 8.1.1925, pp. 1-2.

El contenido lo forma una serie de meditaciones vertidas en secciones, algunas de las cuales se titulan «Familia», «Crecimiento», «Posesiones», «El hijo», «Las dos madres», «Caminos del delito», «Guerra Mundial y civilización», «El nacimiento de lo religioso», «Lo cristiano y lo social», «La adhesión como experiencia religiosa». El conjunto es una gran confesión, pero no ante el lector: Dallago no le habla, como San Agustín, a Dios, ni, como Kierkegaard, al «individuo», al lector al que, para decirlo de alguna manera, parece coger de la pechera interior. Habla para su propia alma, para las nubes y los árboles. Este verdadero solitario no está solo en ningún instante. Habla con la naturaleza, es uno con el gran paisaje de su tierra. Resulta conmovedor y auténtico cuando le da las gracias a este paisaje, al compañero de su soledad del que se «nutre». Imágenes de la naturaleza –que tienen el melodioso encanto de un gran poema y que nunca abandonan el camino del pensamiento– están diseminadas por doquier. El pensamiento de Dallago realmente, como él dice, «se nutre del aroma de los prados y los bosques, del aire soleado y las cimas veraniegas, del ir y venir de las estaciones…»[233]. En ningún momento está sin la «inmensa afabilidad» de la naturaleza «que bebe de fuentes místicas y que atrae a quien sabe entregarse a ella»[234]. El libro comienza de manera biográfica. Un hombre casado empieza a reflexionar sobre el *matrimonio* y su relación con el *amor*. En el pasado, el amor era para él realización y meta, pero ahora ve que solo es irrupción y camino: curso, no desembocadura. También eso es el verdadero matrimonio, que es amor. No hay una diferencia esencial entre amor y matrimonio. La contradicción entre ambos solo la instaura la *institución* del matrimonio. Y aquí empieza la lucha. Entre nosotros, el matrimonio aún es *solamente* institución: la *mujer* se ha convertido completamente en *esposa*. Pero la esposa empieza «cuando la mujer deja de florecer»[235]. Dallado desarrolla la oposición entre «mujer» y «esposa» con profundidad psicológica. La formula de manera tan irrefutable como Nietzsche la oposición hombre-mujer. «La mujer siente: "No puedo irme". La esposa piensa: "Él no puede irse"»[236]. El matrimonio es un ejemplo de la corrupción de lo

---

[233] Carl DALLAGO, *Der große Unwissende*, ed. cit., p. 168. A partir de aquí, en las notas a la recensión solo se indicará el número de página de las citas de este libro.

[234] Página 147.

[235] Página 30.

[236] *Loc. cit.*

puramente humano que aparece cuando el *estatuto* se convierte en un fin en sí mismo. En lugar de ordenar lo exterior para servir a lo humano, la ley exige que el hombre esté a su servicio. Al final, también quiere «ordenar lo humano, que es divino». El amor es lo contrario de toda ordenanza. «Llega como la muerte, sin ser llamado, a lo sumo se presiente, y cuando uno quiere defenderse de él, ya se le ha dejado franca la entrada»[237]. El estatuto lo sabe todo de antemano, pero nosotros no podemos saber de antemano nada esencial. ¡Qué poco queda de uno mismo cuando se quiere dominar la vida y el amor y cómo crece y se abre uno cada vez más cuando se deja dominar por él! Crecemos únicamente cuando nos sometemos a algo que *nos* hace. La pasividad es el tono fundamental de Dallago, así como toda auténtica religiosidad natural.

> Ya ha avanzado la tarde. He llegado a un prado lleno de azafrán silvestre. Apenas hay hierba. Al cruzarlo me siento muy feliz. Nunca había caminado sobre nada tan hermoso. Los últimos rayos del sol brillan sobre las innumerables estrellas y cálices de tallo brillante y rojo pálido, todos erguidos y meciéndose con la brisa del atardecer. Y la campiña se extiende amplia y ondulante en un silencio apacible. Aquí y allá, un solitario árbol amarillento. A continuación, el valle y las montañas. Y, sobre todo, el espectáculo del atardecer, siempre nuevo, siempre grandioso.[238]

Tales descripciones de la naturaleza pertenecen *necesariamente* al pensamiento de Dallago. Confirman que todo está pensado con *pureza*. Las ideas mismas no son nuevas. ¡Cuántas generaciones de nuestra historia intelectual no han empezado con la protesta contra el «precepto»! «¡Y no vivir nunca, nunca, en paz con el precepto!»[239], se juraron, en su juventud, los amigos Hegel y Hölderlin. Las apologías wertherianas de la naturaleza y la pasión también atraen a la juventud de hoy en día. (La esencia de Werther no consiste en derramar lágrimas, sino en el rebelde desafío

---

[237] Página 34.

[238] Página 39.

[239] De agosto de 1796 es el poema *Eleusis* que Hegel le dedica a Hölderlin. Baeumler da, por así decirlo, una versión abreviada de dos versos: *de vivir solamente por la libre verdad y nunca, nunca, / en paz con el precepto que opiniones y efectos reglamenta.* (Traducción de José M. Ripalda en G. W. F. HEGEL, *Escritos de juventud*, FCE, México-Madrid-Buenos Aires, 1978, p. 213).

a todas las autoridades «establecidas»). Pero tampoco me he encontrado nada procedente del círculo de la actual juventud que haya expresado este talante de manera tan poderosa y personal como este libro del surtirolés Dallago, quien debe de rondar los cincuenta años[240]. Aquí se expresa lo que para otros ha quedado como un «acto intencional». Y por eso este libro es también un importante documento de nuestro tiempo. De la literatura cósmica de la actual juventud lo separa su *candidez*. En él no hay rastro de intención, es decir, de sentimentalidad. (Por desgracia, en la actualidad son sentimentalidad y movimiento juvenil casi idénticos). Con una naturalidad sin igual, con el coraje del solitario, Dallago no solo dice las cosas más difíciles, sino también las más delicadas. Si fuese cualquier otro, uno se reiría, pero no es posible reírse de la naturaleza misma.

La *primera parte* del libro («Un estilo de vida») me parece la más hermosa. Aquí se dice sobre el amor y el matrimonio, sobre la mujer y los niños mucho más de lo que se puede señalar. Hay aquí una psicología o, mejor dicho, una metafísica del *placer* que lleva a abismos a los apenas ha llegado la mirada humana. Con una inquebrantable pureza de corazón, Dallago ha pensado hasta el fondo el amor entre los sexos. Para él, la naturaleza ya no es algo *opuesto* al espíritu. Lo eterno-maternal le habla. El camino de la observación, que conduce a la naturaleza, es en él al mismo tiempo «el camino del discernimiento»[241] que hace que despierte en el hombre lo espiritual que lleva a Dios. Esto no es una mera afirmación suya, sino que este pensamiento central queda confirmado en su concepción del amor natural. Pero con toda la actitud positiva con la que Dallago se posiciona frente al impulso de la naturaleza, termina, no obstante, con lo opuesto a una proclamación de la libertad ilimitada. Su frase más elevada dice así: «*Cuanto más libre es el hombre, más sujeto está su amor*»[242].

La *segunda* y más extensa *parte* del libro se titula «Ensayo de una regeneración de la humanidad». Frente a las más importantes instituciones de la humanidad se pone el principio de la no violencia. Dallago pasa de la esfera de la naturaleza a la de la existencia histórico-humana. Se rechazan todas las instituciones. Pero quien haya entendido correctamente la pri-

---

[240] Cuando se publica el libro, Dallago tenía, de hecho, 55 años.
[241] Página 277.
[242] Página 83. En la recensión no se reproducen las cursivas del original.

mera parte de este singular libro del «gran ignorante» ya sabe que Dallago fracasará en el campo de batalla histórico. Su fuerte es la metafísica de la naturaleza. La metafísica de la historia le es ajena. Como un habitante de las montañas, a pecho descubierto y blandiendo un árbol arrancado (que no usa), así se arroja contra los ejércitos del espíritu del mundo. No hay necesidad de luchar contra el excéntrico ingenuo. Los ejércitos de la civilización siguen su marcha. El cruento y duro trabajo de la historia del mundo no se puede refutar con árboles, vivos o muertos. Aunque no sea un «desarrollo ascendente», probablemente tenga un sentido. Dallago demuestra grandeza cuando confiesa no saber nada y humildemente se pone en los brazos de la maternal naturaleza, pero se vuelve pequeño en cuanto, contradiciéndose a sí mismo y al título de su libro, pretende *saber*.

La crítica de Dallago a la civilización se puede resumir en esta contundente frase: «Cuantas más leyes, menos lugar hay para *la ley*»[243]. La «adhesión» a la gran ley del cosmos: este es el contenido de su religión. Desde las praderas de montaña de su tierra, Dallago lanza su mirada hacia Asia Oriental. Allí, sobre todo en Lao-Tse, reencuentra *su* idea de la naturaleza y ahora, con piadosa sencillez, intenta aunar el Evangelio con el *Tao Te King* a través de su concepto del «hombre puro».

Ahora bien, Dallago no debería haber desarrollado una *teoría* del hombre puro. ¡Qué exangüe y pobre es esta teoría comparada con una sola de las verdaderamente puras imágenes de la naturaleza con las que nos obsequia su libro! El hombre puro no necesita ninguna teoría del hombre puro, y la crítica de la cultura con la ayuda de una teoría de la humanidad pura es demasiado poco convincente. A pesar de estas profundas limitaciones, la segunda parte del libro no es menos valiosa que la primera. También aquí abundan los pensamientos profundos y los juicios puros. Dallago es prácticamente incapaz de decir nada *falso*. En realidad, el error se basa siempre en la pretensión. Cuando no hay ninguna pretensión, hay parcialidad, pero no errores. Dallago es un hombre esencial y por eso solo dice cosas esenciales. Visto en su totalidad, algo esencial puede ser insatisfactorio, pero nunca puede ser «falso». Un hombre como Dallago simplemente fracasa en muchos puntos, pero lo que dice es verdad.

---

[243] Página 605. En la recensión no se reproducen las cursivas del original.

No puedo terminar sin citar las hermosas palabras sobre lo *nacional* acuñadas por este amante de la paz:

> Lo nacional está más cerca de lo cristiano, como lo espiritual y religioso, que lo social. Como un arraigo que es expresión de una proveniencia física en lo temporal, aparece en su profundidad como una señal del arraigo de la originaria proveniencia del hombre en lo eterno.[244]

Los conceptos de la actualidad rara vez se definen desde esa altura. – También encontramos sorprendentes y personales reflexiones en la sección «Agustín, Pascal, Kierkegaard». Algunas páginas están dedicadas a Nietzsche[245].

Aquí no solo habla un pensador original, sino también un escritor original. No me imagino cómo este libro puro podría generar confusión y desconcierto. La sinceridad, que nada persigue, lleva en sí misma el principio de la corrección. Los libros peligrosos solo los escriben soñadores y mentirosos y suelen hacerse pasar por mucho más inofensivos que, a pesar de toda su osadía, este *modesto* libro.

---

[244] Página 257.
[245] Resulta llamativa esta frase de Baeumler, pues «algunas páginas» son, en realidad, todo un ensayo de 32 páginas (pp. 434-5, 597-626).

TRES CARTAS DE ALFRED BAEUMLER

1. Carta de Alfred Baeumler a Carl Dallago, 24.3.1926

Dresde, 24 de marzo de 1926.
Friedrich-Augustplatz 9/I.

Estimado y querido señor Dallago:

Desde mi regreso de Múnich, es decir, desde hace medio año, me acompaña una carta dirigida a usted. Siempre esperaba poder comunicarle algo bueno en relación con la publicación de su trabajo; lamentablemente, no ha sido posible, y esto ha vuelto a dejarme tan desanimado que cuando ya estaba todo decidido fui posponiendo la escritura de la carta día tras día. Y ahora llega su amable escrito del 19 de marzo para aumentar mi sentimiento de deuda. Perdóneme mi largo silencio y, también, que hoy le escriba a máquina. Hoy tengo que ponerme con todo lo que tengo pendiente y escribir con la pluma sería demasiado para mi mano y probablemente también para sus ojos. – El primero con quien hablé sobre su asunto fue el redactor de *Zeitwende*[246], el señor Gründler. Este hombre demostró una incapacidad tan radical, también para entender una sola línea suya, que después de unas pocas frases interrumpí la conversación. La <u>persuasión</u> no sirve de nada contra la inmoralidad y la estupidez. Solo puedo intentar, si

---

[246] Revista mensual publicada entre 1925 y 2010, fundada en Múnich por Otto Gründler (redactor para la revista católica *Hochland* entre 1921 y 1926), Friedrich Langenfaß y Tim Klein. En 1925, Baeumler había publicado en *Zeitwende* su artículo «Bamberg und Naumburg», recogido posteriormente en *Studien zur deutschen Geistesgeschichte*, ed. cit., pp. 30-53.

se da la ocasión, abrir una brecha para usted por <u>otro</u> camino. No obstante, *Zeitwende* se mueve cada vez más en lo desesperanzadamente profesoral, de manera que surge la pregunta de si será *internamente* posible que en algún momento publique un ensayo suyo esta revista cultural-protestante. El señor Beck, propietario y director de la editorial, es, de hecho, una persona encantadora, pero demasiado dependiente de la opinión de quienes le rodean. – Al día siguiente hablé con el pastor Merz, el amigo de Karl Barth y editor de la revista del círculo de Barth, *Zwischen den Zeiten*. Apreció su trabajo y también el hecho de que yo abogase por usted, pero me describió la situación de su revista de tal manera que a mí mismo no me quedó más remedio que extraer la conclusión de que aquí no hay lugar para usted. Poco a poco, desde sus comienzos más libres se ha ido convirtiendo en una revista para teólogos y párrocos. Ahora su línea está definida. *Usted*, como individuo, como tirolés, como no protestante, como *ser humano* se encontraría como un elemento extraño en este medio. Personalmente lamento mucho esta reducción hasta convertirse en una revista para párrocos; preferiría una revista para <u>seres humanos</u>. Pero *si* tiene que haber una revista para párrocos, está claro que usted no pertenece a ella. – Por tercera vez lo intenté con *Kunswart*. Aquí se repitió algo del caso Gründler: por sugerencia mía, el redactor (Wolfgang Schumann) leyó algunas páginas de su libro y lo dejó por considerarlo «de poca sustancia y verboso». Por lo visto, usted le pareció demasiado monástico, pues terminó con las palabras de Goethe: «que se mantenga con los pies en el suelo y mire a su alrededor»[247].

No le daría estos tristes testimonios de la falta de sensibilidad del «mundo» si con eso no esperase proporcionarle una imagen de la llamada situación espiritual de la actual Alemania. Nuestra situación es desesperada, y <u>en qué medida</u> es desesperada realmente lo he sabido solo ahora, en el transcurso de mi actual trabajo, que me ha mostrado por dentro el funcionamiento de la «educación» [*Bildung*], y hoy encuentro el mayor consuelo *en el hecho de que* nuestra economía de inflación intelectual está al borde del colapso. Con una ligera sonrisa recuerdo aquel momento de nuestra conversación en Innsbruck en el que en relación con la situación intelectual se me intentó poner en contraposición a usted. En Varena no está

---

[247] GOETHE, *Fausto*, segunda parte, acto v, «Medianoche», v. 11445. (Johann Wolfgang GOETHE, *Faust-Dichtungen*, Reclam, Stuttgart, 2010, p. 487).

usted más solo que yo en Dresde, y creo estar mucho más cerca de usted que del más cercano profesor de filosofía. Quien en la actual Alemania no pertenezca a ninguna organización, no jure lealtad a ningún concepto y no vea en el «ciudadano» la más alta forma de la humanidad, queda <u>excluido</u>. En la actual Alemania se permite todo excepto recorrer el propio camino como ser humano. Mi hermana me ha dicho que quizá en mayo vaya usted a Múnich. Siento mucho que debido a mi trabajo no pueda ir en esa época a Baviera: sobre estas cosas solo se puede hablar en persona.

En las clases de este invierno (sobre «ética») he remitido a mis oyentes a su *Ignorante* y me ha alegrado ver que algunos están leyendo el libro con interés. Aunque podría ser que la juventud en realidad no pueda entender al gran ignorante, si bien estoy convencido de que si lo conociesen a *usted* en persona lo entenderían los jóvenes [*jungen Männern*] que aquí asisten a mis lecciones. Actualmente hay muchos jóvenes [*junge Menschen*] que están cansados de la espiritualidad oficial. Hay tanta desconfianza en las organizaciones, tanta inseguridad y caos, que creo que no hemos de perder la esperanza. Yo hago lo que puedo para transmitir la nueva del «individuo». <u>Su</u> ejemplo y sus palabras son siempre para mí el mayor consuelo. En el caso de que vaya a Múnich para buscar un editor, dígame, por favor, sus deseos con antelación. Le recomendaría a mi amigo Manfred Schröter, quien tiene más contactos que yo con las editoriales y que se ocuparía de usted con la misma dedicación que yo. Mi amigo y cuñado, el funcionario de obras públicas Gottlieb Schwemmer, que vive en Frisinga (a una hora en tren de Múnich), se sentiría muy afortunado de darle acomodo en su casa. Por supuesto, no sería estar directamente en Múnich, pero sería más agradable vivir en Frisinga. Por favor, escríbame a tiempo sobre sus planes; en la medida en que me sea posible, espero prestarle mi ayuda en suelo alemán. – Hace unos días, el señor Erwin Reisner (vive en Hermannstadt) me envió un artículo sobre *El gran ignorante* que ha escrito a sugerencia mía. Quiero enviar este artículo en primer lugar a *Zeitwende*; esperemos que la estupidez, siempre despierta, duerma por un momento.

Por último, permítame que le dé las gracias por su último artículo en *Der Brenner*. Me ha mostrado la importancia de Dostoievski desde una nueva perspectiva. También yo había subestimado hasta ahora su fe en Cristo y no había visto que su obra tenía como objetivo el «fortalecimiento interior del ser humano»[248]. Su candidez, algo que tanto admiro, le ha guiado por el camino correcto. Me ha gustado mucho cómo trata a Stefan Zweig. Por otro lado, me gustaría volver a hablar con usted sobre Hermann Hesse. El hecho de que ensayos como este hoy en día apenas encuentren editor pertenece a la esencia de esta época. Ahora espero con impaciencia la «bandera roja»[249]. – No he vuelto a saber nada de Ficker. La carta del señor Messing[250] al comienzo del último número de *Der Brenner*, que considero un ingenioso producto literario[251], ha ahondado aún más la dolorosa impresión que últimamente me ha causado Ficker, y cuando hace poco leí que *Der Brenner* ahora también publica las efusiones literarias de jóvenes damas[252], se renovó mi dolor. Me encuentro aquí ante lo incomprensible.

[253]¿No sería posible que para su nuevo libro encontrase otro <u>título</u> en lugar de *Mundo y hombre*? ¡Es tan general! También acabo de ver que el filósofo Eucken tiene un libro titulado *Hombre y mundo* que ya va por la tercera edición.[254]

¡Que le vaya bien! Le estrecha su mano

A Baeumler

[248] Carl Dallago: «O diese Welt!», en *Der Brenner*, n.º 9, otoño de 1925, p. 181.

[249] Carl Dallago: «Die rote Fahne», en *Der Brenner*, n.º 10, otoño de 1926, pp. 123-212.

[250] En otoño de 1922, Erich Messing (1895-1942), judío bautizado en el protestantismo, entró en contacto con Ludwig von Ficker, a quien en repetidas ocasiones dio grandes cantidades de dinero para Dallago y otras personas del círculo de Ludwig von Ficker en situación precaria. (Véase Ludwig von Ficker, *Briefwechsel 1914-1925*, ed. cit., p. 535, n. 336; Anton Unterkircher, *Ich hab gar nichts erreicht*, ed. cit., p. 250).

[251] «Zur Glaubensfrage. Brief an Carl Dallago von einem Juden», en *Der Brenner*, n.º 9, otoño de 1925, pp. 6-59. En el texto no se menciona el nombre del autor de la carta, como así se advierte en una nota del editor al comienzo del texto.

[252] En ese número de *Der Brenner* se publicó «Hymnen» (pp. 3-5), poemas de Gertrud von Le Fort. En una carta del 19.4.1928 a Theodor Haecker, Alfred Baeumler vuelve a lamentarse por el bajo nivel literario de las colaboraciones de autoras como Paula Schlier y Hildegard Jone, en este caso con motivo de la publicación de sus textos en el n.º 12, Pascua de 1928, de *Der Brenner*.

[253] A partir de aquí, escrito a mano con bolígrafo.

[254] Rudolf Eucken, *Mensch und Welt. Eine Philosophie des Lebens*, tercera edición de 1923.

2. Carta de Alfred Baeumler a Theodor Haecker, 3.10.1927

Dresde Weiser Hirsch
Strausstr. 3
3.X.27

Estimado señor Haecker:

He dejado que la fértil lluvia de su «Epílogo»[255] caiga sobre mi campo y ahora que en el aire purificado creo ver la cima del problema de manera más clara que antes, me gustaría añadir mi propio epílogo. Se atreve usted a plantear la cuestión judía en el lugar más expuesto y en unos tiempos turbulentos; en el lugar más expuesto, es decir, en <u>Alemania</u>. Admiro el valor, el tacto y la justicia de su epílogo. (Solo al final de la p. 232[256] me parece que la frase «y luego hay en él [en el judío] una cantidad enorme de sentimentalidad» está construida demasiado a la ligera para una afirmación de tanto peso). Como todo lo que se piensa pura y profundamente hace productivo a quien lo lee, ahora me resulta fácil decir algo, pero solo repito lo pensado en silencio de una manera nueva gracias a usted.

Usted ve el problema judío como católico, como cristiano; yo lo veo desde el punto de vista de los pueblos germánicos del norte que han aceptado al cristianismo como su mayor salvación y bien. Afirmo, como usted lo expresa de manera insuperable, el «*a priori* cristiano», pero niego la posibilidad de solucionar esta cuestión desde este *a priori* sin establecerse en una posición <u>terrenal</u>, la posición de lo nacional. Su perspectiva (como parece ser también la de Belloc) es puramente humana. Pero desde lo puramente humano no se puede solucionar el problema en la realidad. Es

---

[255] Hilaire BELLOC, *Die Juden*, traducción y epílogo de Theodor Haecker, Verlag Josef Kösel & Friedrich Pustet, Múnich, 1927.

[256] Error de Baeumler. La frase se encuentra en la página 222, segunda línea empezando por el final.

absolutamente necesario estar de acuerdo en que no se puede empezar con instituciones, leyes y prohibiciones, sino que lo primero que tiene que cambiar es el interior, el espíritu. Por aquí pasa la línea que nos separa por una parte a usted y a mí y, por otra, a todos los «antisemitismos». Pero la cuestión práctica me parece que es: ¿dónde tiene que empezar el cambio interior? Creo que es de lo más importante y loable la intención de Belloc de crear primero una ventaja[257], pero su propia sospecha de que el libro será ignorado ya apunta a la realidad. Sin duda, en nuestro lado está muy extendida la firme voluntad de llegar a un entendimiento amistoso con los judíos. Pero nosotros, al menos exteriormente, no somos atacados, nos sentimos en posesión, en seguridad. Por el contrario, el judío se siente amenazado; a medida que aumenta su poder, más temeroso se vuelve porque tiene miedo de perderlo. Pero con una persona que tiene miedo no se puede negociar cándidamente en las mismas condiciones. Seguro que se aprovechan de ti. En la atmósfera de la «humanidad» prosperará el judío porque no vacilará en aprovechar todos los beneficios que le ofrece. No tenemos que tomárnoslo a mal: es el extranjero, el amenazado; sería estúpido si confiase sin más en nosotros. Nunca se hará dependiente de nuestra «amistad» y nuestra «justicia». Para eso es demasiado listo, demasiado experimentado. Tampoco será nunca posible quitarle su miedo. Está demasiado arraigado en él, incluso en su religión, y, en definitiva, el miedo es algo necesario ya desde el punto de vista meramente sociológico con su papel de «excepción».

Todo lo que haga el individuo es poco para humanizar y apaciguar el ambiente. En eso estamos completamente de acuerdo. Pero el problema judío no se solucionará desde el individuo. Así como el judío en última instancia en caso de conflicto lo resuelve no como individuo sino como miembro de una minoría amenazada, de la misma manera nosotros en última instancia debemos resolverlo como miembros de una mayoría mucho más peligrosamente amenazada. Como mayoría, es decir, como pueblo. En las cuestiones relativas al pueblo debemos recuperar la buena conciencia que con éxito intentaron arrebatarnos Hegel, Treitschke y Hitler. Por «buena conciencia» no entiendo ningún tipo de *sacre egoisme*, sino la natural

---

[257] Palabra prácticamente ilegible, que bien podría ser '*Vorteil*', palabra aquí traducida.

116

confianza de un pueblo en <u>sí mismo</u>, en su naturaleza innata y otorgada por Dios. Esta buena conciencia se ve hoy sacudida y esto, lo reconozco, es todo el tormento que sufro ahora. Esta sacudida procede de dos lados: del «nacional» y del «socialista». De ahí que <u>hoy</u> se pueda decir: del nacional y del judío. Por un lado, nuestra natural conciencia como pueblo ha sido asesinada por medio de una <u>exageración</u> absurda, bárbara e interesada; por otro lado, se intenta corroer mediante el veneno marxista nuestro sentido de la naturaleza, del pueblo y la particularidad. En esta situación desesperada, <u>nosotros</u>, como <u>pueblo</u>, debemos ayudarnos a nosotros mismos. El camino no es ni el amistoso entendimiento con los judíos ni las leyes de excepción, sino la <u>acción</u>: asignando espiritualmente al judío el lugar que le corresponde en el organismo de nuestro pueblo logramos la paz, la paz también para <u>él</u>, que en la anarquía del pueblo en el que vive es quien más sufre porque esta anarquía tensa sus deseos de manera desorbitada y así lo convierte en el más infeliz de todos.

Por lo tanto, me opongo a la fórmula «¡La paz sea con Israel!»[258]. Solo Dios, que está por encima de los partidos, puede hablar así. <u>Aquí</u> somos, por la voluntad de Dios, partido, y solo cumplimos su voluntad al mantenernos como parte, como partido de una manera valiente y decente. Pero como parte, como partido no podemos decir: «¡La paz sea con Israel!». Hacer <u>realidad</u> esta paz es asunto de Israel. <u>Nosotros</u> solo podemos decir: ¡Paz para Alemania! Y hacer realidad esta paz es nuestra <u>tarea</u>. Una tarea «política» muy real. ¡Para <u>nosotros</u>, «La paz sea con Israel» <u>no</u> es una tarea!

Me interrumpo para que esta carta no se haga demasiado larga. Solo una cosa más: al final, usted pone sus esperanzas en la juventud católica. ¿Puedo formular mi objeción de manera epigramática? No existe una «juventud católica», de la misma manera que tampoco existe un «roble alemán». Juventud es un concepto de la naturaleza; la juventud es la primavera de cada pueblo. <u>Solo</u> de la juventud se puede esperar la salvación de Europa de la ignominia de la guerra y de la posguerra; pero no de la juventud católica, sino de la juventud natural de <u>todas</u> las naciones.

---

[258] El epílogo de Haecker termina (esto sí en la p. 232) de la siguiente manera: «El autor de esta obra termina y empieza con la frase "La paz sea con Israel". El traductor estaba y está convencido de la sinceridad de la intención y la convicción de estas palabras, y ha traducido esta obra para el pueblo alemán y para los judíos en Alemania con la misma intención y convicción: ¡la paz sea con Israel!».

Ni se me ocurre subestimar la fuerza que puede emanar del amor de un hombre a la patria también desde su catolicismo. Pero no puede venir un movimiento salvador desde el catolicismo desde una perspectiva nacional. Cristiano es cada uno para sí y católico lo es, *per definitionem*, junto con todos los creyentes. La tarea nacional, a la que en último término pertenece la solución de la cuestión judía, es una tarea más restringida que solo se puede solucionar desde otro punto de vista más limitado. Desde un punto de vista político, el católico solo puede solucionar cuestiones tácticas (hago la observación desde el plano social, en el que tiene una gran tarea); no está capacitado para una gran política nacional, como el destino de Alemania parece demostrarlo claramente en los últimos años. La referencia a la juventud católica también me parece peligrosa desde un punto de vista político: esta juventud, en la medida en que exista, no tendrá la fuerza decisiva para solucionar esta cuestión. Solo queda la esperanza en la juventud alemana, en una época de nuestro pueblo venidera, humana[259], pero no empequeñecida, «liberal». Para conseguir esa época, el catolicismo alemán y extranjero podrán contribuir enormemente con la rica y clara fuerza de su pensamiento. Pero la acción misma solo podrá realizarla una conciencia nacional purificada. el [sic] hombre religioso como tal no está llamado a eso.

Habría querido poder expresar de manera más clara lo que quería decir, pero el tema es difícil, una intersección de casi todos los problemas. Tome esta carta fragmentaria como expresión de mi agradecimiento por su ensayo y al mismo tiempo como un complemento a lo que hace poco intenté señalarle en Múnich. Me sentiría feliz si la tarea común nos mantuviese unidos por encima y más allá de todas las diferencias, garantizando, así, su necesidad y su autenticidad.

En la página 230[260] habla usted de los «jugueteos de estos tiempos» y entre estos menciona el mito. Si con esto se refiere al George-Kreis, Klages, Ziegler, Drews, etc., no tengo nada que objetar. Pero esa expresión también podría usarse para referirse a Bachofen. Como ahora ha leído usted mi introducción, sé que este no es el caso. De hecho, nuestra selección de Bachofen, titulada *Der Mythus von Orient und Okzident*, cuya introduc-

---

[259] Palabra propuesta, ininteligible en el original.
[260] En realidad, en la página 220.

ción le he enviado, no tiene nada que ver con la creación literaria de nuevos dioses.

Con mis mejores deseos,

ABaeumler

P. D.[261]: ¿Me permite recordarle que quería enviarme su ensayo[262] sobre la «Deutschen Meister Verlag»?

---

[261] Escrito en el margen izquierdo de la página.
[262] Palabra ininteligible. *Die Meister* fue una revista publicada entre 1920 y 1927 en la Deutsche Meister-Verlag y editada por la Deutsch-Meister-Bund y Theodor Haecker.

3. Carta de Alfred Baeumler a Carl Dallago, 15.12.1927

Dresde, Weiser Hirsch, 15.12.27.
Strausstr. 3/II.

Estimado y querido señor Dallago:

Gracias por su carta del 27 de noviembre. He leído su trabajo «La Iglesia infalible» y la pureza y la coherencia de su argumentación me ha causado una fuerte impresión. El carácter de la Iglesia oficial aparece en este ensayo con extraordinaria nitidez, los ejemplos están elegidos con gran acierto y los maneja muy bien. Solo en el caso de Carl Schmitt habría deseado una refutación más exhaustiva y fundamental, pues Schmitt es, sin duda, el más inteligente representante de la Iglesia «oficial» que usted combate[263]. – Me gustaría mucho que este trabajo pudiese publicarse en Alemania, pero por el momento no veo la manera. En cuanto al asunto mismo, solo me gustaría comentar que la lucha contra la Iglesia oficial me parece tan justificada como toda lucha contra todo lo oficial. Siempre estaré del lado de quien luche contra lo «oficial», pero no puedo meter en el mismo saco a la Iglesia oficial y a la Iglesia como institución. Si la Iglesia como institución fuese tan mala como realmente lo es la Iglesia oficial (como ilustración le envío el más reciente retrato del papa), hace tiempo que la Iglesia habría dejado de existir, pues lo infame no puede sostenerse a la larga. La institución cuenta con el apoyo de los creyentes que la necesitan, y aún hay de estos. Cuenta, además, con el apoyo de aquellos sacerdotes que si bien veneran al papa como a su mariscal de campo, ejercen su oficio con huma-

---

[263] En una carta del 26.1.1914 a Ludwig von Ficker, Carl Schmitt, que comunica el envío de su libro *Der Wert des Staates und die Bedeutung des Einzelnen*, afirma y demuestra ser un buen conocedor de *Der Brenner*. (Véase Ludwig von FICKER, *Briefwechsel 1909-1914*, ed. cit., p. 196).

nidad y dignidad. Sin la institución de la Iglesia, estos hombres no podrían obrar ese efecto saludable. La Iglesia vive <u>a pesar</u> de su lado oficial. – Con estas observaciones en ningún caso quiero negar que la lucha contra la mercantilización es <u>absolutamente necesaria</u>.

He leído el último número de *Die Fackel*[264] y creo que Kraus está en su apogeo. La objeción que le hago es siempre la misma: que siempre representa la cuestión de la justicia desde <u>un</u> solo lado, no desde todos los lados. Es indudablemente inaceptable que solo mencione de pasada el despreciable juego que la prensa socialista ha llevado a cabo con el veredicto de Schattendorf, que es, sin embargo, la verdadera causa de todos los horrores[265]. Honor a todos los que valientemente defienden la justicia, pero me parece sumamente injusto equiparar con la persona <u>Schober</u> la causa injusta de Viena en 1927.

Me gustaría conservar su manuscrito sobre «La Iglesia infalible» un poco más para compartirlo con unos jóvenes amigos. ¿Me da su permiso?

¿Cuándo se publican sus poemas?[266] El recuerdo de las horas pasadas con usted en Barwies todavía resuena como una profunda campana por encima del tintineo de los demás recuerdos.

Saludos cordiales para usted y los suyos y feliz Navidad.

Su leal Baeumler

<u>¡Volver la página!</u>[267]

---

[264] *Die Fackel*, números 771-776, diciembre de 1927. Las 112 páginas las ocupa un solo artículo de Karl Kraus: «Mein Abenteuer mit Schober».

[265] En enero de 1927, en la localidad de Schattendorf, miembros de la fascista Heimwehr dispararon indiscriminadamente contra miembros de la Republikanischer Schutzbund. Dos personas fueron asesinadas: un niño y un inválido de guerra. En el juicio, los acusados fueron absueltos. Se considera que este fue el detonante de la revuelta de julio de 1927 en Viena, durante la que se incendió el Palacio de Justicia. Por orden del canciller Ignaz Seipel y de Johannes Schober, a la sazón jefe de la policía vienesa, la policía disparó contra una multitud desarmada. Fallecieron 89 manifestantes y cuatro policías. (Véase Christian ANGERER y Maria ECKER, *Nationalsozialismus in Oberösterreich*, Studienverlag, Innsbruck, ²2018, pp. 24-5).

[266] En 1929 (Lányi, Viena) se publicó el poema (de trece páginas) *Nach dreißig Jahren. Rückblick des Nicht-Schriftstellers*, y en 1930, en la misma editorial, *Mensch und Dasein*, «poemas recopilados por él mismo por su cumpleaños».

[267] Esta advertencia está escrita en el margen inferior izquierdo de la página y está subrayada en rojo. Al igual que la frase anterior, está escrita a mano.

Posdata. La editorial Beck me dice que les ha pedido que le devuelvan el manuscrito «Iglesia y cristianismo» que yo les había enviado. En este momento no recuerdo cómo se titulaba el manuscrito que envié a Beck. Solo recuerdo que usted se ocupaba profusamente también de Bachofen[268]. ¿Es este el manuscrito titulado «Iglesia y cristianismo»? Solo podré responder a Beck cuando tenga su respuesta a esta pregunta.

---

[268] Un libro en el que Dallago se ocupa en detalle de Bachofen es *Das römische Geschwür* (Lányi, Viena, 1929), en el que, además, cita, en la página 17, la introducción de Baeumler a *Der Mythus von Orient und Occident*. De todas formas, parece que el texto que aquí se menciona [*Kirche und Christentum*], terminado de escribir en otoño de 1926, quedó en la editorial sin siquiera ser leído (véase Anton UNTERKIRCHER, *Ich hab gar nichts erreicht*, ed. cit., p. 279) y no es el mismo, con el título cambiado, que *Das römische Geschwür*.

Este libro se publicó
en el mes de noviembre
del año 2025